地蔵と閻魔・奪衣婆

現世・来世を見守る仏——

松崎　憲三　著

慶友社

まえがき

地蔵と閻魔・奪衣婆の取り合わせは、一見奇妙にも見えるが、実は太い糸で結ばれているのである。

地蔵は柔和な声聞型《しょうもん》（童子型）の姿で村境や路傍の至る所に祀られている。子授け、子育て、夜泣き、田植、歯痛地蔵等の名がつけられ、もっぱら現世利益信仰を一手に引き受けてきた観がある。しかし、一方では墓地に六地蔵が立ち並び、また京都では、新仏の供養を目的に盆の期間に六地蔵巡りを行うという習俗もみられる。交通事故に際しては事故現場に地蔵を建立して死者供養とする例も枚挙に暇がない。水子供養についでは説明するまでもない。このように、地蔵は現世の衆生を済度するのみならず、死者供養にも欠かせぬ存在といえるのである。また、さまざまな縁起、説話には、地獄へ赴き閻魔と談判して、地獄へ落ちた衆生の罪を軽減する、あるいは蘇生させてくれる存在として描かれており、地蔵は現世と来世の二世を見守ってくれる仏にほかならない。

一方の閻魔はというと、上広がりの宝冠をかぶり、裁判官が身につけるようなだぶだぶの法衣を身にまとい、肩をいからせて笏を持ち、しかも憤怒の相といういかにも地獄に落ちた人の罪状を裁くにふさわしい恰好をしている。絵画、仏像の姿は確かに恐ろしげで近づき難いが、昔話の中では「笑話」の中に登場するなど案外親近感をもって接しられた節もある。近世には恐ろしいものみたさから閻魔詣も盛んになり、眼病に効験を表わす、あるいは厄除開運、怨敵退散等の現世利益的側面を持つに至った。つまりは人間の側が、恐ろしげな存在を祀り上げることで守護仏に転化させてしまったということであり、庶民のしたたかさが見て取れる。いずれにしても、この閻魔も現世・来世を掌握する仏といえるのである。

これらの二つの仏は全く別の存在と考えるのがふつうであるが、平安末期に日本で成立したとされる『発心因縁十王経』には、地蔵と閻魔は同体と記されており、それに沿った説話や信仰も確認でき、興味深くも複雑な様相を呈している。

また奪衣婆も、仏教的にはこの世とあの世、現世と来世の境、三途の川のほとりにいて亡者の衣類を剥ぎ取ることを職掌とした恐ろしげな存在である。この奪衣婆は、役目柄閻魔とセットで祀られていることが多い。常識的に考えれば、閻魔の下位に位置づけられる筈にも関わらず、閻魔をさしおいて中央にデンと据えられていることもある。加えて「咳（関）の婆」などと称して風邪除けにご利益のある仏としてあがめられたり、安産に効験がある仏として信仰する地域も少なくない。奪衣婆も現世・来世の二世にかかわる仏といえるが、固有信仰である姥神信仰と習合することで日本的展開もみせ、今日の姿に至ったとする柳田國男の見解もあり、こちらも一筋縄では捉えきれない存在なのである。

いずれにしても、この三者はそれぞれに関係を持ち、また現世・来世を見守る仏としての共通点を持ち合わせている。この三者の信仰は歴史も古く、多様な展開を遂げているだけに全容を把握することは出来かねるが、本書で扱った内容から、豊かな民俗信仰の一端を垣間見ていただければ幸いである。

二〇一二年五月二十三日

松　崎　憲　三

目次

Ⅱ　江戸・東京の閻魔と奪衣婆
――新宿・大宗寺と正受院を中心に――

Ⅲ　奪衣婆信仰の地域的展開
――秋田県下の事例を中心に――

Ⅷ　地蔵流し考
――千体地蔵を視野に――

Ⅰ　地蔵と閻魔
――参詣・巡拝習俗を中心に――

はじめに

西国三十三観音巡礼や四国八十八か所巡礼（所謂四国遍路）をはじめとして、六阿弥陀巡り、六地蔵巡り、七福神巡り等々複数の場所に祀られている神仏、あるいは複数の聖地を参詣・巡拝するといった習俗は広く認められる。本章では、地蔵と閻魔の信仰史について概要を述べた上で、両者の参詣・巡拝習俗に焦点を当てて分析を加えることにしたい。

筆者は元々地蔵信仰に関心を抱いており、廻り地蔵なる習俗について言及したこともあるが、今回地蔵と閻魔を取り上げた理由は、閻魔の本地仏を地蔵菩薩と見なすなど、地蔵と閻魔を同体と見る向きもあることから、両者を合わせて考察を加えてみようと思ったからである。地蔵と閻魔が同体というのは、中国の唐代に蔵川によって撰述された『仏説閻羅王授記四衆逆修生七往生浄土経』（以下『預修十王生七経』と略記）に記されている。そうして日本では、この経典を受けて平安末期から鎌倉時代の初期にこれを日本的なものに作り替えたのだろうと言われている。さまざまな説話・昔話の中にも、地蔵と閻魔が表裏一体の関係として登場してくるものもまま見受けられるのである。

一　地蔵・閻魔への関心

最近の民俗学徒はこの種の信仰に関心が薄いように見受けられるが、地蔵は庶民にとって最も身近な存在であり、一方閻魔は極めて特異な存在だっただけに多くの人々が心を惹かれ、それに対応する形で双方の民俗が豊富に存在する。従って先行研究も数多いが、既発表論文をとりまとめた書物がその時々に刊行されており、比較的把握しやすい。

地蔵信仰の先駆的業績は、何といっても真鍋広済の『地蔵菩薩の研究』（三密堂書店　一九五〇）であり、今日の研究状況でも多くの示唆を与えてくれる好著である。また、古代・中世を中心とする地蔵信仰の歴史的展開をコンパクトにまとめたのが、速水侑の『地蔵信仰』（塙新書　一九七五）である。一方櫻井徳太郎編の『民衆宗教史叢書10―地蔵信仰』（雄山閣　一九八三）は、一九八〇年頃までの地蔵信仰に関する既発表論文を集大成したもので、地蔵信仰の源流、歴史的展開に関する章に次いで、地蔵と民俗なる章が設けられており、地蔵憑け・地蔵遊び・廻り地蔵などに関する論稿が掲載されていて、当時の研究者の関心と水準を推しはかることができる。次いで大島建彦編の『民間の地蔵信仰』（渓水社　一九九二）・『道祖神と地蔵信仰』（三弥井書店　一九九二）の二編があげられるが、特に前者は、櫻井のそれが歴史学や宗教史関係の論文も収録されているのに対して、民俗学関係の論文のみを再録・編集したもので、大島の関心に即して重軽《おもかる》地蔵、廻り地蔵関係の論稿が目立つ。

一方近年の単著としては、田中久夫の『地蔵信仰と民俗』（岩田書院　一九九五）、石川純一郎著『地蔵の世界』（時事通信社　一九九五）が特筆される。前者は歴史民俗学的視点によるものであり、他方後者は縁起や説話を取り上げながら地蔵信仰の特質を論じたものである。また、ご承知のように京都は地蔵盆の盛んな地域として知られており、京都をフィールドとしたものとしては高橋渉の「京都の『六地蔵参り』」（『宮城学院女子大学研究論文集』五五号　一九八一）、「京都の地蔵信仰」（『同論文集』五七号　一九八二）等がある。さらに京都特有の地蔵信仰としては壬生寺のレンタル地蔵があり、かつて筆者も『巡りのフォークロア』（名著出版　一九八五）の中で言及したが、宇野田綾子の「マンションにおける地蔵盆行事の生成」（『近畿民俗』一六四・一六五合併号　二〇〇二）は、それを踏まえて発展させたものである。宇野田のもう一つの論文「盆月二十四日と地蔵信仰」（『民俗学研究所紀要』二八集　二〇〇四）は、十三日から十六日の盂蘭盆（表盆）に対して、二十四日を裏盆と称する地域があることに着目し、分析を行うとともに地蔵盆への影響について考察したものである。ちなみに地蔵盆を対象としたものには、このほか、林英一の『地蔵盆〜受容と展開の様式〜』（初芝文庫　一九九七）がある。

以上の地蔵関係のものに比して閻魔信仰については相対的に先行研究が少なく、坂本要編『地獄の世界』（渓水社　一九九〇）が目立つ程度である。これも既発表論文を集大成した大著であり、地獄の源流、中国の地獄観、日本の地獄観といった構成に次いで、閻魔信仰・絵画といった章が設けられており、地獄観・閻魔信仰に関するエンサイクロペディアといった趣を持つ。このほか藪入り・閻魔の大斎日を諸厄祭祀と結びつけて論じ、また藪入りを奉公人達のサブカルチャーと位置づけた中世史家安野真幸の「藪入り源流考」（『下人論』エディタースクール出版部　一九八七）が注目される。この安野論文については、後ほど改めて取り上げる予定である。最後に言及しておきたいのは、木村和子の「東京の閻魔信仰」である（『西部民俗』一四七号　一九九四）。近世から近年にかけて刊行された閻魔のガイドブックや諸文献から閻魔詣での歴史的展開をトレースしたもので、短文ながら力作である。それによれば、古くは極楽浄土を見ながら地獄へ落ちないようにと信仰していたものが、病気治しその他、現世利益に重点を置く信仰に変化してきたという。この点については改めて検討したいと考えるが、木村は並祀されている奪衣婆への信仰も視野に入れながら論を展開しており、評価に値するといえる。

閻魔以上に奪衣婆に関心が注がれ、独自の展開を遂げた奪衣婆信仰も見られ、次章以下で取り上げるが、ここではとりあえず地蔵と閻魔に絞って考察を加えることにしたい。

二　地蔵信仰・閻魔信仰の概要

地蔵信仰

地蔵といって想起されるのは、とげ抜き地蔵とか歯痛地蔵、あるいは子育て地蔵、延命地蔵、さらには化粧地蔵、田植地蔵等々であり、数え切れないほどの名がつけられている。それら命名の多くは直接ご利益とかかわるものであり、そのことはどれほど庶民が地蔵に願いを託していたか、信仰していたかの証左ともなりうる。

さて、その地蔵について仏教では「釈尊入滅後、次代の仏たる弥勒菩薩が五六億七千万年後に出世するまでの無仏の間に、この五濁の世に現われて六道を輪廻する衆生を済度する菩薩」と位置づけている。ちなみに阿弥陀であれば来世（あの世）で我々を救済してくれる存在であり、弥勒であれば五六億七千万年後という気が遠くなるほどの先で我々を救済してくれる仏にほかならない。これに対して地蔵は、娑婆つまり現世でさまよう我々人間をさまざまな形で救済し、また死後間もなく冥土に赴いて閻魔と談判してくれる（一人二役を演ずるという場合もありうる）存在であり、人気も博しやすかったといえる。

地蔵は梵名でクシティ・ガルバというが、クシティは大地とか地霊を意味し、ガルバとは童子、子供を意味する。また地蔵の像容は声聞形という丸坊主の恰好であり、従って梵名と合わせて子供の守護神ともなりやすかった。この地蔵信仰については、平安時代末期に末法思想が広まるとともに浄土信仰が台頭し、阿弥陀信仰とともに先ず貴族層から広まっていった。そうして地蔵は、あの世に赴き、地獄の閻魔の裁きを受けて苦しむ死者を救済してくれる存在と考えられていた。このような地蔵の性格、役割については『地蔵菩薩霊験記』や『今昔物語集』等々に記されている。平安末期には、毎月二十四日の地蔵の縁日に地蔵を念ずると西方極楽浄土に赴けるという信仰に基づいて地蔵講が開かれていたが、庶民の間に地獄・極楽思想が浸透する中世以降になると、数多くの地蔵講が結成されるに至る。それと同時に、今日の地蔵の像容同様に、右手に錫杖、左手に宝珠という形に固定していく。さらにこの頃（室町期）になると、地蔵が現実の世界とあの世の境に立って、あの世に行く人達を救ってくれる存在という性格が強調されるようになった。先程触れたように、地蔵の梵名はクシティ、即ち大地、地霊であり、地蔵は地下世界において地獄に堕ちた衆生の済度に当たってくれるというふうにも、また境において衆生を救済してくれる存在とも考えられたのである。そうした信仰がやがて現実の世界の境、つまり村であれば村境、あるいは町であれば町内と町内との境などに立って、外部からやってくる災厄を防いでくれる境界神（仏）へと発展していった。しかも西日本では、古くから境界神として信心されていた道祖神を凌駕してしまう。

いずれにしても毎月二十四日が地蔵の縁日とされ、特に一月の初地蔵、八月の盆月には各地で行事が繰り広げられてきた。東京都文京区巣鴨のとげ抜き地蔵などは、毎月二十四日のみならず四のつく日は全て縁日のようになって、多くの人々が集まってくる。この二十四日については『今昔物語集』巻一七「地蔵菩薩を念じるに依《より》て、主《あるじ》に殺さるる難を遁《のが》れたる語《こと》」に、「今日は此《こ》れ、月の廿四日、地蔵菩薩の御日也《おんひなり》」と記されており[1]、月の二十四日に生まれた子供の名を地蔵丸と名付けるといった（「取り子」なる）風習もあったようである。つまり少なくとも十一世紀末から十二世紀初頭にかけての時期には、二十四日が地蔵の縁日として固定していたことが知られるとともに、今日に至るまでそれが持続していることがわかる。とりわけ七月（あるいは月遅れの八月）二十三、二十四日は、地蔵まつり・地蔵盆と称してお身拭いや化粧を施した上で、さまざまな供え物をあげ、また百万遍の数珠繰りなどが繰り広げられる。近畿地方の地蔵盆はあまねく知られており、祀る地蔵が存在しない団地やマンションに対して、京都市中京区・壬生寺（律宗）などの寺院が地蔵を貸し出すという、レンタル地蔵などの慣行も生まれた。筆者が調査した昭和五十年代（一九七五〜八五）は、貸し出し箇所約一〇〇とほぼ安定していたが、先の宇野田の報告では、六〇か所余りに減っているようである。それはともかく、地蔵盆の折に、死者供養を目的として三年間六地蔵巡りをする、という慣行が今日でも京都に根づいているようである。これについては後程触れることにする。

閻魔信仰

閻魔王とは、死者の罪業の審判を下す冥府の支配者であり、恐ろしい存在とイメージされているが、先にも触れたように、地蔵菩薩と習合して信仰されている。奈良時代には閻羅王とも書かれ、閻羅は閻魔羅闍 Yama-râja の略で、この尊は仏教の閻魔天に道教の諸神の思想が加えられて成立したものと見なされている。閻羅天は十二天・八方天の一尊で、南方の護法神とされている。その初めはインド古来の神で、鬼官の総司、あるいは地獄王とされ、死後の世界を司る神とされていたものである。(2) こうしたインドにおける冥界の王が、仏教の中に取り込まれて勧善懲悪、また因果応報の唱導に重要な役割を果たすに至ったのである。

さて、ご承知のように閻魔王は冥府で死者の罪業の審判を下す十王の中心的存在にほかならないが、十王といって想起されるのが『預修十王生七経』である。唐代末に中国の成都府大聖慈寺沙門・蔵川によって撰述されたものといわれており、没後、冥府における苦悩離脱のために、生前の斎供礼拝などを預修すべきことを勧めたものである。ちなみに十王は、仏教の四十九日中陰信仰（亡くなってから七週間、魂が中有の世界をさまようこと）と、中国固有の百か日忌、一年忌、三年忌の習慣と合わせて各忌斎日に十王を配したもので、十三世紀には中国でも民間に流布していたという。(3)

この『預修十王生七経』の影響を受けて平安末期に日本で成立したとされているのが『仏説地蔵菩薩発心因縁十王経』（以下『発心因縁十王経』と略記）であり、前者が七七《しちしち》日忌等の忌日に十王を配していたにすぎなかったのに対して、後者ではこれら十王における本地として不動明王以下の諸尊を配していることである。

第一 泰広王 不動明王
第二 初江王 釈迦如来
第三 宋帝王 文殊菩薩
第四 五官王 普賢菩薩
第五 閻魔王 地蔵菩薩
第六 変成王 弥勒菩薩
第七 太山王 薬師如来
第八 平等王 観音菩薩
第九 都市王 阿閦如来
第十 五道転輪王 阿弥陀如来

ここでは明確に閻魔と地蔵が同体であることが示されているが、頼富本宏は「この経が、わが国で人気を博したのは、やはり地獄救済の十王信仰と死者追善の十三仏信仰がミックスしているところにあるといえよう」と指摘している。[4] 但し、この『発心因縁十王経』については、日本において撰述されたといわれているものの、その描写内容の精粗の相違から見て、「この経の祖型もやはり中国で成立し、それが日本で加筆、訂正され」たものと見る論者もいる。[5] ただし、『日本霊異記・中』第七話に「智者、変化の聖人を誹《そし》り妬《うら》みて、現に閻羅の闕《みかど》に至り、地獄の苦を受くる縁」なる話があって、すでに九世紀前半には閻魔が登場しており、これとの整合性については問題視されていない。いずれにしても、『発心因縁十王経』が鎌倉時代以後流布したのは確かである。現に十王の造像は鎌倉時代から行われ、閻魔堂・十王堂に安置されるようになる。鎌倉円応寺（臨済宗）や奈良白毫寺（真言宗）の十王像はその古い作例である。

五来重によれば、「近世に至ると村々にも閻魔堂ができ、閻魔十王と葬頭河婆《そうずかばあ》（奪衣婆＝筆者注）、鬼、浄玻璃《じょうはり》鏡、業秤《ごうばかり》などの像が一具としておかれるようになる。そうして葬送にあたってはここに死者の衣類を供えて、滅罪を願う習俗が一般化した」という。[6] 一方各寺院では、正月十六日を初閻魔、七月十六日を閻魔の大斎日《だいさいにち》と称して、この日地獄変相図や十王図を掛けて参詣者に拝ませた。そうして江戸を中心とする都市部では、奉公人の薮入りの習俗と結びついて閻魔詣でへと発展を遂げることになる。

薮入りとは一月十六日・七月十六日に奉公人や嫁婿が里帰りする日のことであり、養父入り・走百病と書く場合もある。この薮入りについて『日本年中行事辞典』をまとめた鈴木棠三は、「本来は、物忌みの日であったが、休日と考えられるようになったもの。仏教ではこれを閻魔の賽日と称して、地獄の獄卒さえ休業して罪人の苛《(ママ)》責をやめるといわれる。それで人間も仕事を休むのだという」と説明している。[7] この鈴木の「物忌み」説との関連で安野眞幸は、鈴木満男の『マレビトの構造』や小野重朗の「正月の構造」等の論著を視野に入れつつ、以下のようなユニークな論を展開している。[8]

近世の人々は、正月一六日と七月一六日を「恐ろしい諸々の神々、山の神、神霊などの訪れる日」とみなしていたからこそ、『燕石雑誌』にあるとおり、「社寺参詣」や「遊山」を行ったと考えてよいであろう。この「諸厄神祭」という在り方こそが、藪入りや閻魔参りの母胎であり、両者はここから派生してきたとすることができよう。恐ろしく祟りをなす神々の訪れる日、〈死〉の襲って来る日は、日頃抑圧と排除の対象となっている社会的弱者である奉公人たちにとっては、むしろ「蘇りの日」を意味し、この日一日だけは「彼等の天地」になったのであり、諸厄神の霊力こそは、彼等の自由を保証するものであったのである。

安野は藪入りの藪を、人工の加わっていない自然、文化・秩序と対立する反秩序としての自然を意味するものと把握し、藪入りを、日頃主家に閉じ込められている奉公人たちが、都市の悪場所、盛り場さらには郊外へとドッと繰り出し、あるいは実家へ帰るなどして羽を伸ばすいわば反秩序の日と位置づけており、これが安野説のユニークな点である。一方引用部分前半の、「諸厄神祭」と関連づけた見解も興味深いが、小野説が必ずしもコンセンサスを得ている訳ではないし、安野の歴史的トレースも必ずしも十分とはいえない。ちなみに、安野が引用した文化八年（一八一一）刊滝沢馬琴の『燕石雑誌』四巻「藪入」の項によって、元禄期以降俳諧の発句として用いられていたこと、奉公人の宿下り以外に「市井の老小」が、菩提寺への墓参りや閻魔詣等の社寺参詣の他、「郊外に遊山」する風習があったことが知られる。(9) いずれにしてもここでは、「たしかに先祖の墓参りという近世的な家との関係だけを『藪入り』の原型とするだけでは不十分なのである。あるいは成人を迎える若者の野外遊びの要素と、他界の死霊との交流、家の神を司祭する女性祭祀といった民俗信仰が、仏教の関与とともに一層複雑化して『藪入り』信仰を形づくっているのかもしれない」という宮田登説を紹介し、(10)現段階での妥当な見解としておくことにしたい。

このように、江戸・東京の閻魔信仰は藪入りと結びつくことにより発展を遂げたが、一方京都のそれは、盆行事の精霊迎えとの関連で広がっていった模様であり、その点については後ほど触れることにしたい。

三　地蔵巡り

地蔵巡りの歴史

地蔵を祀る寺堂を順次参拝するという地蔵巡りには、六地蔵巡りのほか、十二、十八、二十四、二十八、三十六、四十八、六十六、百地蔵巡り等々がある。しかし、これらは六地蔵巡りが敷衍《ふえん》されて後世に成立したもので、六地蔵巡りが最も歴史が古く、しかも京都周辺では現在でも盛んに行われている習俗である。

さて、その六地蔵（信仰）であるが、地獄・餓鬼・畜生・阿修羅・人間・天上の六道を輪廻《りんね》する衆生《しゅじょう》の済度《さいど》を目的として、それぞれに地蔵を配したもので、十一世紀のはじめに、当時盛んだった六観音信仰に刺激されて発生したとされている。(11)

観音が変化《へんげ》して六道に迷う人々を救うといった内容は、六世紀末に中国で編述された『摩訶止観』に説かれており、先ずこの信仰は中国にはじまり、『摩訶止観』を重んずる日本の天台宗内部で、十世紀の浄土教の発達とともに流行した。さらに十一世紀になると真言宗側が、従来すでに信仰を集めていた十一面・千手などの変化観音を当てはめ、これらの六観音こそが六道の苦を救う功徳《くどく》があると称え、貴族社会に広まっていった。一方、六地蔵に関しては、中国の経典や説話集の類、壁画にも全くあらわれず、日本の天台や真言の僧によって創出されたものと考えられている。六地蔵の経典といえば『蓮華三昧経』や『発心因縁十王経』等が想起されるが、いずれも平安末期から鎌倉初期に偽撰されたものである。なお、この頃の文献では、『拾遺往生伝』、『今昔物語集』等に六地蔵の功徳が説かれている。三善為康が著した『拾遺往生伝』は康和年中（一〇九九～一一〇四）の成立と考えられており、同書巻下には、二位大納言藤原経実の奥方が重病になった時、その母が病気平癒のため七仏薬師の像を像立した。けれども奥方は今度はどうやら回復しそうにないので、むしろ六地蔵の造顕を頼んだ、と記されている。[12]

　また、天永元年（一一一〇）の頃の作といわれる『今昔物語集』巻十七の第二十三話には玉祖《たまおやの》惟喬《これたか》の霊験譚《れいげんたん》が記されている。長徳四年（九九八）の四月の頃、周防一宮《すおういちのみや》の宮司玉祖惟喬は病死して冥土に赴く途中、六地蔵に会い蘇生した。惟喬は六地蔵の像を造り、極楽往生を願い、齢七十年にして弥陀の宝号をとなえ、心に地蔵の本誓を念じて没し、三河入道寂照が夢に惟喬往生の相をみた、というものである。[13]ちなみに、『今昔物語集』の説話は、現在では散失してしまった実叡《じつえい》の『地蔵菩薩霊験記』によったものとされており、長徳四年云々はともかく、『地蔵菩薩霊験記』が成立した一〇三三～一〇六八年頃の信仰を伝えているものとみなされている。いずれにしても、先に触れたように十一世紀には、六地蔵が人々の信仰を集めるに至ったものと考えることができる。

現在でも各地の墓地・火葬場の入口に六地蔵が安置されているが、これは地蔵の六道救済にちなんだ本来の信仰といえる。しかし、冥界と現実界の境に立つ地蔵が境の神仏としての性格を帯び、京都や江戸では市街地の入口や要地にあたる地点六（七）か所を選んで地蔵を祀り、それらを順に参拝する習俗が生まれた。それが六地蔵巡りにほかならず、文献上の初出は『源平盛衰記』巻六の「西光卒都婆《そとば》の事」なる記事であり、次のように記されている。[14]

> 七道の辻ごとに六体の地蔵菩薩を造り奉り、卒塔婆の上に道場を構えて、大悲の尊像を据え奉り、廻り地蔵とて七箇所に安置して云く（中略）四宮河原、木幡の里、造道、西七条、蓮台野、みぞろ池、西坂本是也。

このように、十四世紀後半の作とされる『源平盛衰記』には「七箇所」に「六地蔵」を安置したという話をのせているが、十五世紀の後半になると、「六地蔵」の「六」が別の意味に考えられ、「六箇所」の地蔵を巡る形に変わっていく。すなわち『資益王記《すけますおうのき》』文明十四年（一四八二）の七月二十四日の条に、西院《さいいん》・壬生《みぶ》・八田《やた》・屋根葺《やねふき》・清和院《せいわいん》・正親町西洞院《おおぎまちにしのとういん》の六地蔵を参詣したとあるのがそれである。[15] ちなみに、『源平盛衰記』と『資益王記』では、地蔵の位置が一致するものはない。ところが、京都府宇治市六地蔵町にある大善寺（浄土宗）の『六地蔵尊縁起』（寛文五年

〈一六六五〉写本一巻）記載の位置と『源平盛衰記』のそれとはほぼ一致する。

『六地蔵尊縁起』はその由来を次のように伝えている。小野篁が地獄で出合った地蔵尊の像六躰を造立して、京都伏見六地蔵大善寺に安置した。その後、後白河院の御代に至り、保元二年（一一五七）に寳祚長久聖寿萬歳国土安穏を祈り、また貴賤往来の人々の二世安楽・結縁《けちえん》のために、造立した六躰のうち一刀三礼の尊容だけを大善寺に残して、他の五躰を山科の四の宮河原・上鳥羽・御菩薩池《みぞろがいけ》・桂の里・常盤院の五か所に各一躰ずつを移した。この五か所は、六地蔵の里と同様都城の入口にあり、この六か所には番匠各八人で七月一日から六角堂を建立し始め、同月二十三日に各所とも工事を完了し、翌二十四日の正午に六か所同時に落慶供養会を行った、というのである。

この縁起を分析した真鍋広済は、「察するところこれは寛文年間になってから伏見六地蔵大善寺の住僧が、企画発案者となって他の五か所の仏寺の住僧に呼びかけ、賛成を得てこの洛外六地蔵参りという地蔵仏事を作り上げたものと考えられる」との結論を下している。(16) なお、現在の京都洛外六地蔵巡りはこの『六地蔵尊縁起』記載の六か所と同じく、

(1)御菩薩池（深泥池）　上京区鞍馬口寺町　上善寺
(2)山科　山科区西ノ宮　徳林庵
(3)六地蔵　伏見区桃山町　大善寺
(4)鳥羽　伏見区上鳥羽　浄禅寺

(5)桂　西京区下桂　光林寺
(6)常盤　右京区太秦　源光庵

であり、八月二十三、二十四日には今日でも多数の人々が死者供養を目的として六地蔵巡りを行っている。ある人は京都四条大宮発の六地蔵巡りのバスに乗り、ある者は乗用車で参詣して回るのである。

いずれにしても、山州(京都)洛外六地蔵巡りが盛んに行われるようになると、これにならって紀州高野山六地蔵・江州叡山東坂本六地蔵・山州洛陽延命六地蔵・摂州大阪六地蔵・最初建立江戸六地蔵・江戸六地蔵等が設定されていった。『東都歳事記』によれば、最初建立江戸六地蔵は下谷七軒町心行寺三世空無上人が建立を発願・勧化して、元禄四年(一六九一)に開眼供養した一丈の銅仏立像で、一番駒込瑞泰寺、二番千駄木専念寺、三番日暮里浄光寺、四番下谷七軒町心行寺、五番上野大仏堂の内、六番浅草寺中正智院の順に巡るものである。(17)

『東都歳事記』にはまた、一番品川寺から六番深川永代寺に至る江戸六地蔵が記載されている。こちらは宝永三年(一七〇六)深川の沙門地蔵坊正元の発願で銅仏一丈六尺の座像を建立し始め、享保のはじめ(一七一六年頃)にようやく造立された。同じく銅像でも、江戸最初建立六地蔵は立像で、江戸六地蔵は座像であり、両者を区別するため、前者を東都六地蔵、後者を東都鋳銅六地蔵と称している。(18)このうち、東都鋳銅六地蔵巡りについては『江戸近郊道しるべ』にその様子が描かれている。「六地蔵まふでの記〜文政四年かのと巳葉月十一日〜」の項がそれで、著者の

写真１　江戸六地蔵のうち巣鴨・真性寺の地蔵

村尾嘉陵は主家清水重好妻の一周忌に連れ立って供養に出向き、六番深川永代寺、五番同霊厳寺、四番山谷東禅寺、三番巣鴨真性寺、二番四谷太宗寺を巡ったが夕刻になってしまったので一番品川品川寺は遥拝で済ませ、夜八時頃帰宅した、と書かれている。(19) この記載により、盆の二十三、二十四日以外にも地蔵巡りが行われていた様子がうかがえる（春秋の彼岸時に巡ることもあった）。

このほか、六地蔵巡りが敷衍された十二地蔵巡り、二十四地蔵巡り等々も十七世紀後半以降登場するが、『東都歳事記』には江戸山手二十八所地蔵、江戸山手四十八所地蔵、江戸東方四十八所地蔵等が紹介されている。

現在の地蔵巡り

現在の六地蔵巡りとして京都府下の事例を二つほど紹介する。先ずは、京都府亀岡市曾我部町の「六箇の

表1　江戸の六地蔵と閻魔

●：江戸最初建立六地蔵

	寺の名称		宗派	所在地
1)	駒込	瑞泰寺	浄土宗	文京区向丘二丁目
2)	千駄木	専念寺	浄土宗	文京区千駄木一丁目
3)	日暮里	浄光寺	真言宗	荒川区西日暮里三丁目
4)	下谷七軒町	心行寺	浄土宗	現府中市紅葉丘二丁目
5)	(上野	大仏堂の中)	天台宗	台東区上野寛永寺中
6)	浅草	浅草寺正智院	聖観音宗	台東区浅草二丁目

▲：江戸六地蔵

	寺の名称		宗派	所在地
1)	品川	品川寺	真言宗	品川区北品川三丁目
2)	新宿	太宗寺	浄土宗	新宿区新宿二丁目
3)	巣鴨	真性寺	真言宗	豊島区巣鴨三丁目
4)	山谷	東禅寺	曹洞宗	台東区東浅草二丁目
5)	深川	霊厳寺	浄土宗	江東区白河一丁目
6)	深川	永代寺	真言宗	江東区富岡一丁目

江戸五街道の閻魔

寺の名称	宗派	所在地	街道名	宿場
品川　長徳寺	時宗	品川区南品川二丁目	東海道	品川宿
新宿　太宗寺	浄土宗	新宿区新宿二丁目	甲州街道	内藤新宿
板橋　乗蓮寺	浄土宗	板橋区赤塚（現在）	中山道	板橋区
千住　勝専寺	浄土宗	足立区千住二丁目	奥州街道・日光街道	千住宿

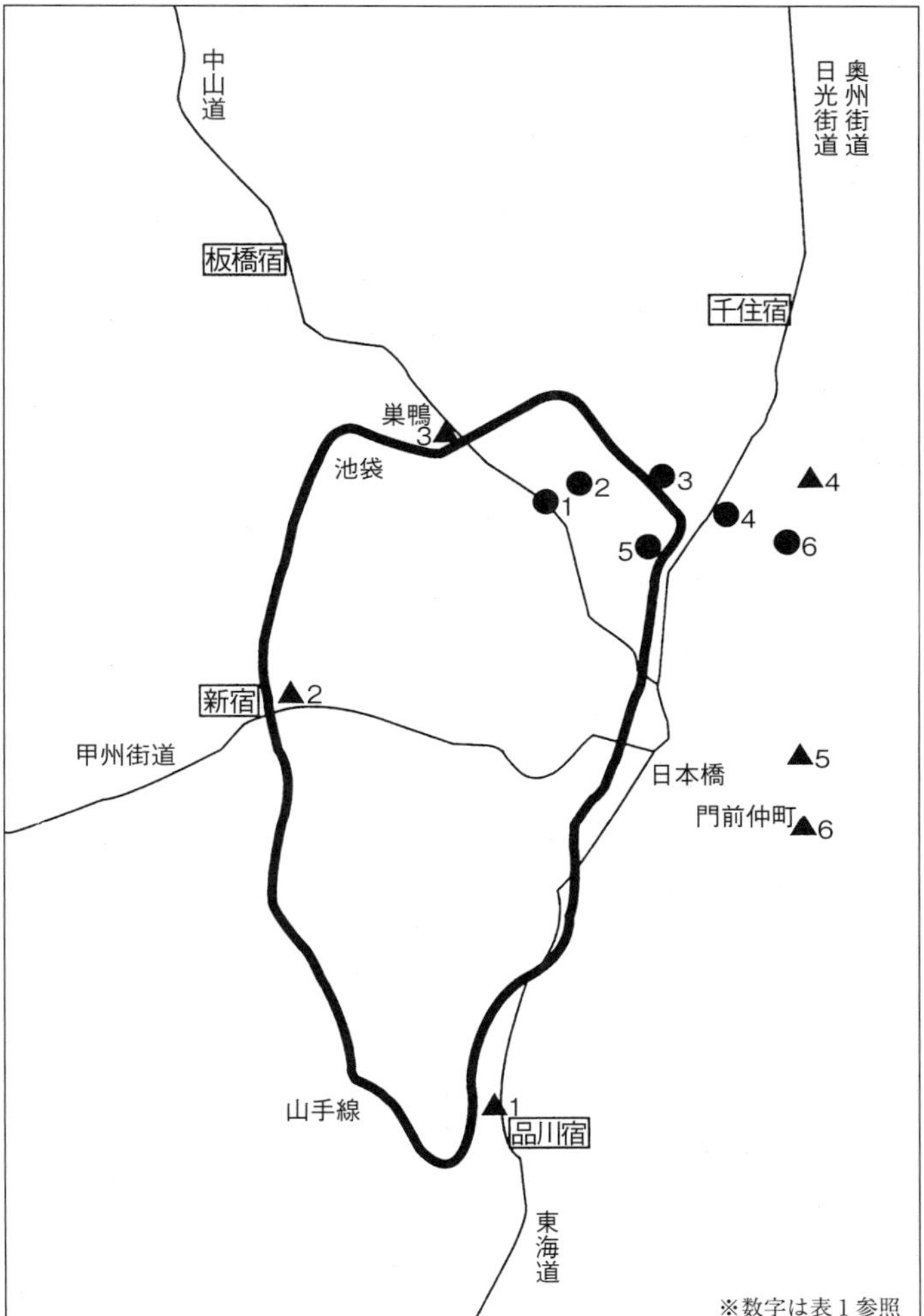

図1　江戸の六地蔵と閻魔の分布

廻り地蔵」を取り上げる。この習俗は、所謂《いわゆる》六地蔵巡りと地蔵の巡行（地蔵の厨子《ずし》を各村に申し送りして祀るもの＝巡行仏）が複合している点に特徴がある。曽我部町は南条・西条・重利・穴太・春日部・中・寺・法貴・犬養の九大字から成る。そのうち南条・西条・重利を旧川上村と称し、川上・春日部・中・寺・法貴・犬養をもって旧曾我部六箇を形成していた。そうして六箇に一体ずつ地蔵尊があって、地蔵盆の八月二十二日から二十四日にかけて盛大に祀られるのであるが、もう一体地蔵尊があって、六箇を一年ごとに廻っており、各村の地蔵尊とともに地蔵盆にかけて祀られていた。これを「六箇の廻り地蔵」と称している。一方旧川上村の三か大字でもやはり一体の地蔵を持ち廻りで一年交替にて祀っている。「六箇の廻り地蔵」がやってくると、旧川上村の地蔵尊を祀る当番のムラが「六箇の廻り地蔵」を預かって祀っていた。つまり一つのムラには、一八年に一度しか「六箇の廻り地蔵」がやって来なかったことになる。そうしてこの「六箇の廻り地蔵」の当番の大字が、秋祭りの折、氏神である与野神社の神輿を担ぐのが習わしであった。

地蔵盆には、曽我部町ないしは近在の新仏を出した家々では、三年の間死者の供養に六地蔵巡りをするのが慣例となっていた。地蔵盆の時、地蔵には赤飯が供えられるが、これを食べると疫病を免れるというので、六地蔵巡りの人々もよくいただいて帰るという。こうした習俗から、六道を輪廻する衆生を済度するという本来の六地蔵信仰に加え、境界神、防疫神としてのご利益が付加され、今日に伝えられていることがうかがえる。(20)

一方、京都洛外六地蔵巡りの現状については、高橋の成果によりながら報告することにしたい。六地蔵巡りは、かつては旧暦七月二四日に行われていたが、今では新暦の八月二十二日から二十四日までの期間であり、実質的には二十一日から二十三日夜にかけて参拝されている。一般に「六躰の地蔵像は一本の木から作られていて、上善寺・徳林庵・大善寺・浄禅寺・光林寺（桂地蔵）・源光庵の順に細くなる」とか、「大善寺・浄禅寺・光林寺（桂地蔵）・源光庵の各地蔵という順で・妹・から・姉・になる」といい、あるいは「小野篁は、上善寺・徳林庵・大善寺・浄禅寺・光林寺（桂地蔵）・源光庵の各地蔵の順に造った」といわれ、その順に従って巡拝するのが正しいとされている。しかし実際は、特定の寺院だけを参詣する人もいれば、自分の家の近くから回るという人もいる。古くは夜家を出て歩いて回ったり、自転車を利用する人が多かったという。近年は自家用車やハイヤーを使う人が増え、およそ三時間の巡拝コースとなっている。京都市内のみならず、大阪方面から貸切バスで訪れる「千人会」「観音講」などの各種団体の人も多くなり、桂地蔵では午前中二時間の間に、約三〇台のバスが数えられるほどだという。

団体客はただただあわただしく、参拝だけすませて去っていく傾向が強いが、先ず塔婆を書いてもらい、それを線香の煙で清め、参拝し、樒の枝で水回向し、お幡を買って帰るという形が標準的なものという。幡は寺ごとに色が異なり、各寺の色の決定は六か寺で組織する「六地蔵会」の春の集まりの時にクジビキで行うしきたりである。この「六地蔵会」は春秋二回会合をもち、春は準備会、秋には反省会を開いている。ちなみにその幡は、門口に下げておくと厄除けになるといい、また近頃は何故か雷除けにも効験があると信じられるようになったそうである。幡は一年後の六地蔵巡りの時に、最初に参拝した寺にまとめて納めるのを習わしとしている。

なお、参詣者の男女比、および年齢層を見ると、男性が三割強に女性六割強、男性は六十代から七十代が多く、女性は五十代から七十代を主として四十代も一割ほど見られる。その目的は「妹の初盆で初めて来た」「先祖供養を目的としている」等々のほか、「家内安全を祈って」「子供の無事成長を願って」「運動になるから」「新聞に出ていたので一度来て見たいと思っていた」と、多様である。中には、「両親や祖母がやっていたので自分が引き継いだ」という人も少なからずいるようである。高橋は、面接調査によって七二名の宗派も確認しており、「京都の六地蔵巡りには、浄土宗を宗旨とする人々が多く見られるが、同じく京都の〈六道参り〉の場合のように、〈六地蔵参り〉は浄土宗のものだ、とするような意識は認められなかった」と結んでいる。(21)

次にその「六道参り」を手始めに、閻魔詣で（巡り）に検討を加えることにしよう。

四　閻魔詣で（巡り）

京都の六道参り

あだし野の露きゆる時なく、鳥部山の烟立《けぶり》さらでのみ住はつる習ひならば、いかにもののあはれもなからん。世はさだめなきこそ、いみじけれ。

『徒然草』第七段で兼好法師はこう記している。[22] 鳥辺野やあだし野は、京都の南東角にある葬地にほかならなかった。鳥辺野あたりには、空也上人像で有名な六波羅密寺（天台宗）、冥界巡りをしたという小野篁を祀る珍皇寺《ちんこうじ》（真言宗）や西福寺（浄土宗）があり、この地を「六道の辻」と呼びならわしてきた。すなわち、あの世とこの世との境の場所として認識されてきた場所なのである。このうち東山区小松町にある珍皇寺は、「六道さん」と呼び習わされ、毎年八月上旬には「六道参り」と称される盆の精霊迎えが行われている。一方、京都の北西角の葬地は今日の舟岡山周辺にあたる蓮台野であり、引接寺《いんじょうじ》（真言宗）、通称千本閻魔堂がその入口に立地している。そうして興味深いことに、ここでも小野篁伝説や盆の精霊迎えの行事が伝承されているのである。

写真２　珍皇寺の精霊迎え（水回向）

一方、京都の精霊送り（送り盆）として知られているのは大文字五山送り火である。この大文字五山送り火の研究者として知られる和崎春日は、京都のコスモロジーについて次のように指摘している（「盆をめぐる京都の都市民俗図」参照）。「『あの世』と『この世』の接点であり分かれ道である六道の辻に位置している六道珍皇寺などで、迎え鐘をついて先祖の霊をあの世からこの世にお迎えしたわけである。そして今度は、市中の家々に帰ってきた多くの精霊が、ひとかたまりとなり、いわば『都市全体の市民の精霊』となって、大文字の送り火をたよりに、山のかなたの幽界に帰っていくのである」と。(23) 精霊送りの方式・把握の仕方に関しては、個々人の儀礼のあり方から分析を試みた八木透の見方とはズレが認められるが、マクロな視点からの見解として、和崎の指摘は示唆に富むものといえる。なお、八木の見方については改めて言及することにし、とりあえず六道参りの歴史と現状を、珍皇寺を例として見ることにしたい。

珍皇寺の草創については諸説があるものの、目下のところ承和三年（八三六）に国家鎮護所として、山代淡海によって建設されたとする説が有力視されている。また六道参りについては、室町期以後におこったもので、『都名所車』や『都名所図会』等々の史料に見られるように、江戸期には京の代表的な年中行事として定着していた、と考えられている。(24)

引接寺の精霊迎えは、毎年八月七日から十五日までの九日間にわたる行事となっているが、珍皇寺のそれは八月七日から十日までの四日間の行事であり、多くの人出があって賑わいをみせる。参詣者達は、先ず高野槙の葉を買い求め、次いで本堂前で「水塔婆」と呼ばれる塔婆を買い、それに迎える先祖の名を記してもらう。その後で本堂横にある「迎え鐘」をつく。以前は迎える先祖の霊の数だけついたようだが、今は一回のみである。そうして「水塔婆」を線香の煙にあてて清め、それを石地蔵の前の水の入った木箱に納め、上から高野槙で水を注ぐ。これを「水回向」と呼んでいる。こうして六道参りは終わり、人々は高野槙を持ち帰り、十三日以降は仏壇に飾って盆花とする。新仏が出た年の盆に来る人も多く、あらゆる宗派の人々が参詣するものの、中でも浄土宗の人が目立つのも確かなようである。(25)

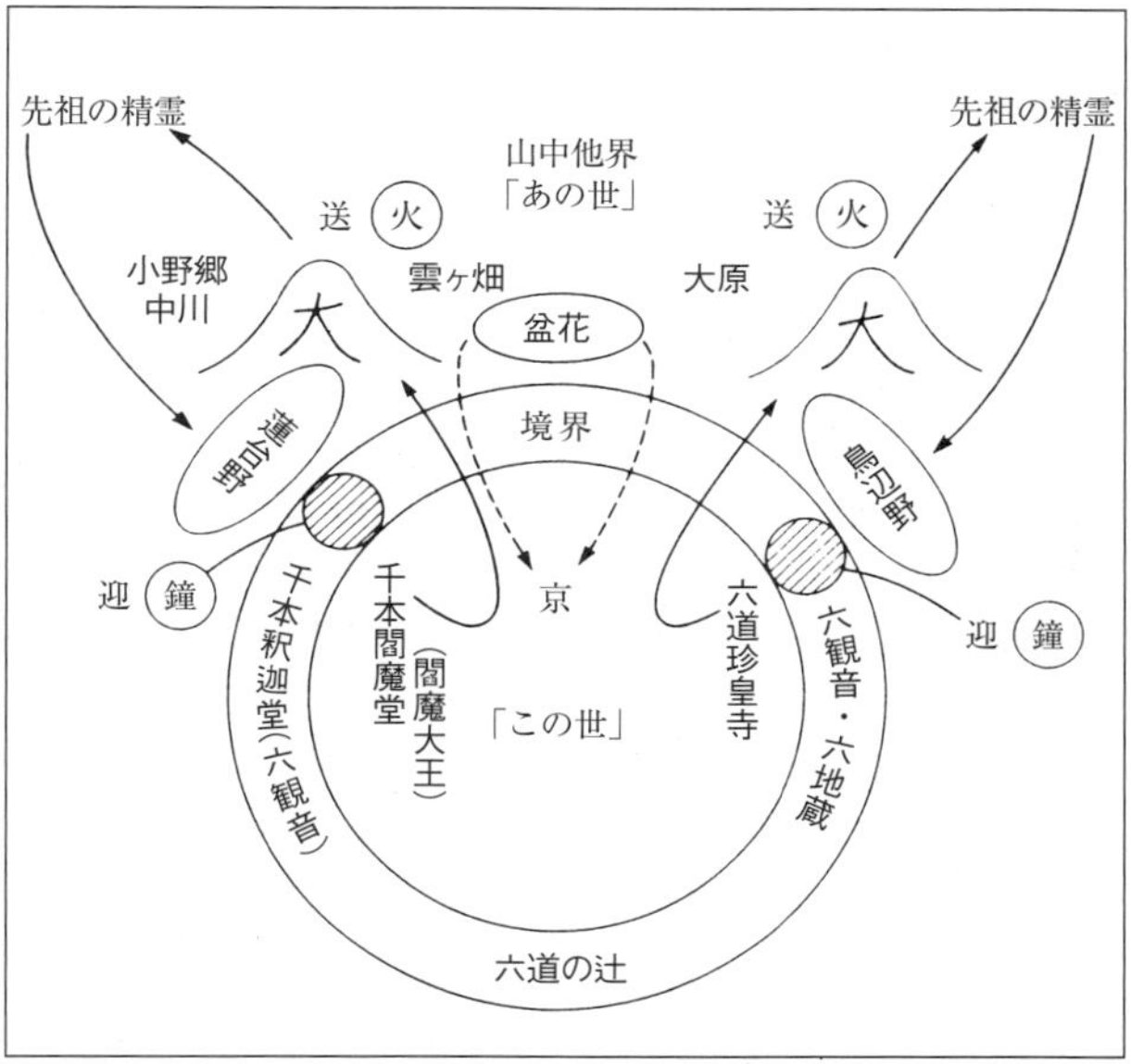

図２　盆をめぐる京都の都市民俗図（和崎注(23)による）

問題はこうして迎えた精霊の送り方である。第二次世界大戦前までは盆花やダンゴなどの供物とともに十六日の夕刻に、鴨川あるいは堀川に流されていたという。戦後河川の汚染が問題となってこうした形での精霊送りはされなくなり、鴨川の河原に供物を納める箱が用意されたり、近年では珍皇寺や引接寺でも一七日にオセガキと称して人々が納めた盆の供物一切を焼いているという。水の鎮送的呪力に着目した八木は「水面下の世界はすべて同次元的・同一空間的世界とする認識が人びとの間にあったとすれば、前年に川へ送られた先祖の霊が、翌年珍皇寺の井戸から戻ってくることは決して矛盾ではなくなる」として、慎重な姿勢を示しながらも、水中他界観あるいは地下他界観を前提とした解釈を試みている。[26] 同じ書物の中に和崎とは異なる見解が示されていることになる。八木の視野には、大文字送り火のことは入っていなさそうであるが、大文字送り火がイベント化することによって定着すると、片方では従来の方式に沿って川に精霊を送り、一方では大文字の送り火を見ながら、改めて先祖を送り返したことを確認して安堵感を得るに至った、というようにも考えられる。つまり地下他界観（水中他界観）と山中他界観が違和感なく同居しているのであり、矛盾を矛盾として見るのではなくおおらかに受容して多彩な民俗を育む、それが庶民のスタンスと考えられる。といってもこれも八木同様の仮説にすぎず、インテンシブな調査によって検証する必要があることはいうまでもない。

江戸・東京の閻魔参り（巡り）

江戸・東京の閻魔参り（巡り）が藪入りと結びついて発展を遂げたことは既に触れたが、天保九年（一八三八）に斉藤月岑が著わした『東都歳事記』には、一月十六日の項に「閻魔参　世にゑんまの斎日といふ」とあって、以下六六の閻魔が祀られている寺堂が掲げられている。[27]

浅草御蔵前長延寺（閻魔丈六倶生神脱衣婆立像）　同大円寺十王堂　浅草寺奥山（并脱衣婆在、虫歯病者祈願す）　同寺中正智院寝釈迦堂内　浅草誓願寺中西慶院　上野清水観音堂内　下谷広小路常楽院　下谷坂本善養寺（丈六）　下谷金杉世尊寺（并だつえば）　湯島円満寺（并脱衣婆）　本郷六丁目法真寺内　本銀町四丁目観音内（并脱衣婆）　茅場町薬師境内　深川寺町法乗院（十王倶生神脱衣婆）　同霊巌寺中開善院（并脱衣婆）　同八幡宮境内観音堂の内　本所回向院（并脱衣婆在、馬頭観音の堂へ十王像地獄の画幅を掛る）　同霊山寺　同法恩寺中大教院　同北割下水花巌《ケゴン》寺　同五ツ目羅漢寺三帀堂の内　芝増上寺山内（蓮池の向也、倶生神在）同花岳院地蔵堂内　芝金地院（石像霊験の像なり、煎茶いり豆を挓く）　西ノ窪天徳寺中随養院（木像）　栄立院（石像）　麻布一本松長伝寺（石像）　六本木崇厳寺（十王并脱衣婆）　目黒不動尊境内地蔵堂内（并脱衣婆）　目黒安養院（十王、脱衣婆）　渋谷長谷寺観音堂内　三田寺町実相寺境内　同四丁目春林寺観音堂　高輪如来寺本堂内　南品川長徳寺　牛込通寺町養善院（并脱衣婆）　同原町松雲寺境内　小日向桜木町還国寺（木像石像并脱衣婆）　同上水ばた日輪寺内　小石川富坂善雄寺　市谷柳町光徳院　市谷八幡宮境内（石坂右）　同谷町地福院　薬王寺　雑司ヶ谷玄浄院法明寺中　駒込小苗木《オナキ》縄手正行寺（并脱衣婆）　同寺町光源寺大観音内（并脱衣婆）　巣鴨真性寺（脱衣婆、十王、倶生神、青赤の鬼、浄婆利の鏡の前にて罪人の業《ゴウ》のはかりに掛たる像在）　谷中天王寺内瑞雲院　麹町八丁目栖岸院内　同九丁目心法寺（十王像）　平河天満宮社地　四谷内藤新宿太宗寺（丈六餘）　同所裏通正受院（并脱衣婆）同南寺町真成院汐干観音内　中野成願寺観音内（十王并脱衣婆）　赤坂一ッ木浄土寺（石像）同威徳寺内　同新町専修寺内　青山泰平観音境内　同教覚院（并脱衣婆）　同善光寺境内地蔵堂内　千住《センジュ》金蔵寺　同勝専寺　豊島《トシマ》川端専称院。

写真３　品川・長徳寺の閻魔像

毎月小石川下富坂町源覚寺閻魔参
世俗蒟蒻《コンニャク》ゑんまといふ。

以上の六六箇所のうち、品川宿の長徳寺（時宗）、内藤新宿の太宗寺（浄土宗）、千住宿の勝専寺（浄土宗）と四宿のうち三宿の閻魔は記されているものの、板橋宿の乗蓮寺（浄土宗）のそれは見当たらないが、五街道の最初の宿には、江戸を取り囲むような形で閻魔が祀られているのである。このうち、乗蓮寺と勝専寺の近代の信仰の様相については改めて言及したい。いずれにしても江戸の諸寺堂では、地獄変相図を掲げて絵解きをしていたようで、「本所押上真盛寺に蔵する所の閻魔庁前の図は、京師の画匠円応挙が筆にして、飛動衆目を驚かしむ。今日本堂に掲て拝せしむ」などとあって、[28]堕地獄を怖れつつも怖いもの見たさに休日をもらった奉公人達が押しかけたのである。しかも複数の閻魔を巡ることもまま見られたようである。そうして薮入りの習俗は近代に至ってもそう変わらなかったようで、明治四十四年（一九一〇）刊の『東京年中行事』の一月暦、薮入（十五、十六日）の項には「薮入の子を見送るや里の犬」「薮入の父や閻魔のほくそ笑」などの句が載せられ、一方閻魔参りについては次のように記されている。[29]

薮入りの二日目は例のうそをつくと舌を抜くという閻魔《えんま》の賽日《さいじつ》で、各所のお閻魔様は、今日に限って渋い顔をニコつかせていらっしゃるようにも思える程の人出。いずこの境内でも曲独楽《きょくごま》、居合抜《いあいぬき》、映《うつ》し画狂言、活動写真、玉乗り、足芸、改良剣舞なんどで、ドンチャン〳〵囃し立てているが中に、少しく場末の方となると、腕無し小僧、首長娘種《くびながむすめたね》あかし、猿芝居、猫芝居なんどいう見世物から、早取り写真なんどいう前世紀時代のものがまだ相当に幅をきかしている。

産業構造が変わり、休日制度が整えられていくとおのずと薮入りの風習はすたれていくことになるが、明治末から第二次世界大戦前後までは、都市部において閻魔は相変わらず人気を博していたようである。そのあたりを、四宿のうち旧板橋宿、旧千住宿の聞き取りをもとに確認することにしたい。

かつて板橋区志村に在住した、明治三十六年生れの橋本てる氏によれば、正月と盆の十六日には歩いて乗蓮寺まで来たという[30]。「見世物小屋のろくろっ首なんて、いま考えると馬鹿馬鹿しいようだけど……。黒い幕張って、人間が入って首を出しているのを本気になって見ていたんだからね。『ほととぎす』のからくり人形（覗きからくり）は、丸いガラスの中を覗くと絵がくるくると変わっていくもので楽しみだったわね。お正月と盆の二回、遠かったけれども見に行きましたよ」と、彼女は述懐している。

もう一人、やはり板橋区大谷口在住の、明治四十一年（一九〇七）生れ、鈴木ヨシエ氏は次のように述べている。[31]「祭りは楽しみの一つでした。毎年旧暦の十一月八日には『フイゴ祭り』があって鍛冶屋さんがやっていました。お祭りや初午（お稲荷さん）の時も餅を搗きました。それから二月十六日には昔の乗蓮寺（仲宿）でお閻魔様があり、露店が出て大勢人が来るので、縄を張り整理したので覚えています」と。この頃になると、閻魔そのものよりも境内の見世物、露店等に関心が移っているように思えるが、祭りや縁日は数少ない娯楽の一つであり、閻魔の斎日が多くの参拝者を吸引していたことが知られる。千住宿の場合もほぼ同様である。明治末期から第二次大戦前後という時間軸を指針にすえてまとめたという『千住宿民俗誌』には次のように報告されている。[32]

おえんま様　あとおえんま様（勝専寺）ね。盆と正月の（十五、六日）ね。きょうはおえんま様っていうとたいへんよね、子どもたちにとっては。あすこにお宮みたいなのあるでしょ、おえんま様の。あすこで、なんだかお爺さんだのお婆さんだのが念仏唱えてね、ジャンボ、ジャンボって鉦鳴らしてね。お線香の煙がいっぱい立ってね。けっこうにぎやかです。みんな行ったんですものねえ。夏暑いのに浴衣着たりなんかしてね。蛇娘だのね、なんか見世物小屋も出てね、みんなインチキよね、あれね。五銭ぐらいだったかな。

（奉公の）小僧さん四角い着物着てねぇ、和紙でできたお砂糖の袋かかえてねぇ、木綿の縞の着物着てねぇ。昔は藪入りってねぇ、楽しみも何もなかったから小僧は眠れないでしょ。前の晩ねぇ、木綿の縞の着物縫ってやって砂糖と小遣い持たせて、みんな泊まってくるんですよ。あたしもずいぶん（小僧の着物）縫いましたよ。

『千住宿民俗誌』の場合は、宿という町場の人からの聞き書きであるためか、奉公人の話も登場してくる。乗蓮寺のケースもそうであるが、千住宿でも、どちらかといえば子供にとって楽しい一日を過ごせる時、それが第二次世界大戦前あたりまでの閻魔参りだったといえよう。東京では、空襲によって閻魔像や地獄変相図を焼失してしまった寺堂が多い。しかしながら近年それらを新たに造（作）り直し、また閻魔に関心を寄せる人も少なくなく、「静かなブーム」といった観を呈している。詳しくは拙稿「江戸・東京の閻魔信仰」を参照されたい。(33)

結びにかえて

地蔵信仰、閻魔信仰の歴史的概要を述べた後、京都と江戸・東京を中心にその参詣・巡拝習俗に分析を加えた。京都の六地蔵巡りの起源は十四世紀後半に遡るが、今日の形に整えられたのは江戸の寛文年間（一六六一～一六七三）以降である。それ以後今日に至るまで、地蔵盆の折に新仏供養、先祖供養を目的として、京阪の人々によって巡拝が行われてきた。近年ではレクリエーションや健康を目的とした巡拝もまま見られ、目的は多様化しつつあるもののそれなりの賑わいである。但し、巡拝者の高齢化傾向は否めない。しかし、逆にいえば高齢者人口が増加しているからこそ需要もあって、巡拝者が絶えないのかもしれない。一方江戸・東京の六地蔵は、近世の元禄期（一六八八〜一七〇四）以降成立を見たものである。そうして『江戸近郊道しるべ』の記載にあったように、隆盛をみるのは文化・文政期の「行動文化」の時代である。(34)しかしながら近代に入って続けて行われていたという痕跡を示す史資料はあまり見当たらない。近世後期以降流行し、今日でも衰える気配のない七福神巡りと好対照である。(35)この七福神巡りも高齢者が多いことに変わりはない。徒歩で数キロといったコースが多く、福の招来に期待する向きも無くはないだろうが、健康とレジャーを兼ねて巡拝するには、年寄りにとって恰好のコースなのである。

一方の閻魔信仰であるが、京都では六道の辻にある珍皇寺と引接寺のそれがあまねく知られており、精霊迎えの一環として参詣がなされてきたし、現在もそれが継承されている。六地蔵巡りといい、六道参りといい、京都のそれは死者供養、先祖祭祀といった色彩が濃い点に特徴を見出すことができる。それに対して江戸・東京の閻魔信仰は、再三触れたように薮入り行事に組み込まれる形で展開をとげてきた。江戸の後期、天保年間（一八三〇〜一八四四）には、六六閻魔、百閻魔が設定され、それら複数の巡拝が一時流行ったものの、そう長続きはしなかったようである。第二次世界大戦前までは、薮入りの名残りを留める形で、あるいは子供達の楽しみの一つとして大斎日が賑わいを見せたが、寺院が空襲によって打撃を受けるとともに衰退してしまった。しかし、新宿の太宗寺や小石川の源覚寺では、現在でも地獄変相図を大斎日に掲げており、新たにスライドによる今様絵解きを始めた深川えんまのような例もあって、閻魔信仰も根強い。高速道路の敷設に伴って昭和四十年代に赤塚へ移転した板橋乗蓮寺（通称東京大仏）入口には閻魔堂も移祠され、初詣での折には先ずこの閻魔にご挨拶をとばかり、長蛇の列ができるほどである。

以上見てきたように、京都と江戸・東京、それぞれの風土に即応して特徴ある地蔵信仰、閻魔信仰が育まれてきたといえようが、ここでは参詣・巡拝習俗の分析を通してその一端を明らかにしたにすぎない。より多面的な視点から分析を試み、それぞれの特徴を抽出していく必要があろう。

Ⅱ　江戸・東京の閻魔と奪衣婆

——新宿・太宗寺と正受院を中心に——

はじめに

前章で触れた通り、京都の南東角に位置する珍皇寺や北西角の引接寺には、閻魔《えんま》が祀られており、それぞれかつての葬地・鳥辺野、蓮台野の入口、すなわちあの世とこの世の境に位置していた。京都・大阪を中心とする八か所の閻魔堂の立地について分析を試みた山野正彦は、

(1)政治・社会領域の上でも地形の面でも境界にある。

(2)墓地や有力社寺に近接した所にあるものも多い。

(3)観念の上では冥界への境に位置していたと思われる。

以上の三点を指摘している。(1) つまり閻魔堂は地理的・社会的境界領域にあって、しかも現世と他界とを仲介する領域に位置しているというのである。一方、江戸・東京の閻魔は、寺院内の堂宇に祀られていることが多いが、坂本要によれば、江戸の寺社の分布を見ると、最初に地形的境界

神があり、その上に寺院や寺町が周辺に配置されていったと指摘しており、(2)本章で取り上げる小石川・源覚寺や深川・法乗院は御府内にあって境の場所に立地する典型といえる。また、江戸五街道の最初の宿、品川・新宿・板橋・千住といった四宿は、御府内の周縁部にあたり、江戸の町と近郊村との境界にもなっていたが、そうした場所に閻魔と奪衣婆が祀られていたのである（表1）。本章では、これらの信仰の実態とその変化について分析を試みることにしたい。

なお、四宿には品川・長徳寺、新宿・太宗寺、板橋・乗蓮寺、千住・勝専院とは別に、それぞれ海蔵寺、成覚寺、文殊院、金蔵院があって、いずれにも遊女供養碑が建立されており、成覚寺を除いてはやはり閻魔が祀られていたのである。遊女の供養と閻魔の取り合わせ、これも興味深い問題であるが、これについては機を改めて考察することにしたい。

一　閻魔のイメージをめぐって

今日我々が描く閻魔のイメージは、頭上に大きな宝冠を戴き、身にはだぶだぶの法服をつけ、肩を怒らして笏を捧持し、忿怒の形相ものすごく、いかにも善悪を裁断するにふさわしい姿である。その起源については、中国・敦煌《とんこう》から出土した五代ないしは北宋ごろの、『預修十王生七経』等の十王像が、この図像的根拠を与えたのではないかと考えられている。(3)しかし、こうした姿の閻魔王像は、日本では鎌倉時代を遡るものではない。一方、閻魔王庁はといえば、司録・司命や獄卒を従えて中央にデンと腰を据え、向かって右の庭上に罪の軽重を量る大きな秤があり、左には亡者の生前の罪を写し出すこれまた大きな浄瑠璃鏡が置かれているといった具合で、鎌倉期以降の閻魔王庁、および閻魔のイメージはきわめて中国的なものであることが理解されよう。(4)

近世以降もほぼこれを踏襲したものといえるが、絵画資料や像を見ていると、閻魔にしても獄卒にしても、きわめてユーモラスに描かれており、恐怖感よりも親近感を覚えるほどである。大雑把にいっても近世は、庶民が貨幣経済を背景に社会に進出する時代であり、それを裏付けとした庶民の積極的な思想と行動を見ることができる。そこに現存する文化の構造は一口にいって庶民の現実主義的な人生観なり生活観を根底としている。こうした傾向はおそらく近世における地獄観と無関係ではないだろう。大阪・四天王寺西門の真西、上町台地と沖積平野の境目で、旧東成郡天王寺村と西成郡今宮村の境界付近の合邦辻《がっぽうがつじ》によく知られた閻魔堂がある。ここは謡曲「弱《よろ》法師」や説教節「しんとくまる」、これを脚色して人形浄瑠璃にした「摂州合邦辻」の舞台として著名である。このうち近世中期の作品「摂州合邦辻」に西門口の鳥居の脇で、地車に閻魔の像をのせて、天王寺参詣の善男善女を目当てに乞食道心合邦が奉加金を強要する場面がある(5)

地えいさら〳〵。地獄の沙汰も銭次第。閻魔の御頂《みぐし》地車に乗せて勧化《かんげ》の道心者、参り下向をあてにとて祠西門の鳥居脇に建立の閻魔王、一銭二銭の多少によらずお志はござりませぬかな〳〵。たった一文か二文で、閻魔様に近付きになって置くは得なもの、死にしなのよい心便り、奉加、地奉加といきせい張り、喋る間に往来の大勢祠時々廻る閻魔の建立、彼岸をあてに此処へわせたの、ア、したが悪い合点、当極楽土とあるからには、この天王寺は直《すぐ》に極楽、閻魔がわせたは大きな差合、イリヤ間違ぢやあるまいか、ハテお前方は悪い呑込、アノ芝居を見やしやませ、実方があれば敵役もある、鬼があればこそ仏もある。畢竟地獄は極楽の出店、其出店の番頭はこのわろ、番頭の気に入つて置かずば、本家《おもや》の極楽へ何と出入りはなるまいかの。成程理窟じや、そんなら奉加に付く程に、いつもの様に悪身の教化が見たい〱。おつとそれは心得たか、跡で奉加をいじむぢと、云はしはせぬと尻経に地撞木おつ取り声作り。

この中で「地獄は極楽の出店」などと広言しているのは、古来より天王寺の西門は極楽の東門に当たるという信仰があって、天王寺の内側の世界を極楽になぞらえて閻魔堂と相関的に捉えているからである。いずれにしても近世的解放感の中で地獄も極楽も茶化され、パロディとなっているのであり、(6) こうした近世の地獄・極楽観がそのまま絵画に投影されたと見て間違いないだろう。

では、昔話の中では閻魔はどのように語られているのだろうか。地獄や浄土は昔話の中に数多く登場するし、笠地蔵、田植地蔵、矢取り地蔵等地蔵の活躍は目覚しい。それに反して閻魔の存在はすこぶる影が薄いのであり、しかも笑話以外登場場面は少ないのである。最も広く分布するのは「閻魔の失敗」と題するもので、その内容はおよそ次のごとくである。医者・山伏・軽業師の三人は仲が良い。死ぬ時も一緒に死のうと約束する。そうしてその通りになると三人は死生塚で婆に着物を取られ、閻魔の前に出されて剣の山にやられるが、軽業師が医者・山伏を肩にのせて登る。次いで地獄の釜に投げ込まれ、山伏が呪文でぬる湯にして、背中を流し合っているので鬼が飲む。今度は医者が腹の中で笑いの筋、痛みの筋を引っぱり、最後にくしゃみの筋を引っ張ったので鼻のあなから飛び出る。とうとう三人は極楽にやられるといった内容である。(7) 新潟県長岡市の例を一つ紹介したが他の地域のそれも大同小異である。

もう一つ、類例は少ないように思われるが「閻魔大王の病気」なる笑話がある。その粗筋は次のごとくである。ある時閻魔大王が病気となり、地獄にいる医者に見させたがいっこうに治らない。そこで青鬼に極楽の方へ行って名医を連れて来い。名医とは医者の戸口に立って幽霊の少ない所が良い医者と教えられ、ようやく捜し当て連れていくと閻魔はたいそう気に入ったが、その医者の戸口に幽霊はいない筈、昨日開業したばかりだからといった落ちがついて終わるのである。(8) 以上の内容から地獄や閻魔の恐ろしさは全く伝わってこないし、抹香臭さも教訓めいた部分もさらさらない。ただただドジでユーモラスな主人公として閻魔が描かれているのである。

笑話以外閻魔が登場する場面は少ないが、野村純一の報告する「人参と欲張り婆さん」は数少ない一つであろう。

地獄へ落ちた悪たれ婆さんが地獄から抜け出したい、抜け出したいと思うてもなかなか地獄から抜け出されん。それでえん魔様から「おまえ何かええことをしとるか」といったって、ええことしたことのないお婆さんやから思い出しようもない。ところが「何《なにか》とええことをしたことを思い出させ」といって。そうしたところが、腐れにんじんをこじきにやったのを思い出して、「腐れにんじんをこじきにやった」「食えせんにんじんをやったのか」て、「はあ、それだけや」いうて、「腐れにんじんにもせよ、やるということは珍しいことやなあ」というて、それで「心をいれかえ、人にほどこす心にかえらんことには、仏様のような心のきれえな人間にならんことには極楽へはいけん」というので、それでまあ立ちかえって、「極楽へやってさえもらや、心を入れかえる」というので、「そんなら、このにんじにすがれ」て。そのにんじんがふわりふわりと上へ上がってゆく、そうすると地獄におる餓鬼がお婆さんの足にすがり、そしてまたつぎからつぎともう天から下へこう、つづくぐらいに数珠つなぎに足へすがってそれでも腐ったにんじんが落ちもせず上へあがるんです。それからひょいと下を見ると、これほどおおぜいの人間が極楽浄土までつながっていったら、この腐れにんじんがもたんかもしれんというのでお婆さん、「おどれたちはわしの足を離さんか。離さなけりゃ落とすぞ」いうて、その餓鬼どもをけり落とすと同時に、にんじん、腐れたところからプッと落ちて、ふたたび婆さんは地獄へ落とされ、それから婆さんがそんな心さえおこさねば、婆さんだけ助けあげて、あとは仏様があとの餓鬼は下へ落としなさるんですけどね、婆さんはさあそれで、むかしのいやしい根性じゃから、わっさやよかったら人はどうでもよいというので、餓鬼を落としたかどで、自分も落ちてしもうて。それから仏様が「やっぱり悪人は悪人やったなぁ。ええ人間には立ちかえることはできなかった」というて嘆きなさった。せっかくたちかえりかけておったのに。

愛媛県北宇和郡三間町がこの話の採集地であるが、類話は都合三話だという。(9) いかにも抹香臭い内容を持つ話であるが、閻魔は罪禍を糾弾する立場を忘れて、老婆を救済しようと絶望的な努力を払うものとして描かれている。婆さんを極楽へ引き上げようとした仏と閻魔が二重写しになってくる感さえする。それと同時に以上の昔話に共通することといえば、地獄と極楽が極めて近い位置にあって、しかも往来がいとも容易に描かれていることだろう。まさに「地獄は極楽の出店」なのである。あるいは五来重が説くように、日本人にとっての死後の世界は、地獄と極楽といった相反する二元的世界ではなく、地獄の苦と極楽の楽の同居する世界といえるのかもしれない。(10)

二　新宿・太宗寺の閻魔と奪衣婆

前節では、閻魔のイメージ、地獄のイメージとその変化の析出に努めたが、以下では江戸・東京における、近世から近・現代に至る閻魔と奪衣婆信仰の実態にアプローチすることにしたい。先ずは新宿・太宗寺のそれを取り上げる。

元禄十一年（一六九八）、（内藤）新宿に宿駅が開かれた。それまでの甲州街道は日本橋から第一宿の高井戸まで四里余りもあり、人馬が難儀していたからである。ところが諸事情から享保三

写真４　新宿・太宗寺の閻魔

写真５　新宿・太宗寺の奪衣婆

年（一七一八）に幕府は（内藤）新宿を廃駅とした。やがて明和九年（一七七二）に至り、幕府の宿場繁栄策、財政政策にからんで再開された。そうして、早速岡場所としての普請が始まったという。[11] この新宿の賑わいについて、六樹園飯盛（石川雅望）は文化十年（一八一三）に著わした『狂文吾嬬那万俚《あずまなまり》』の「四谷新宿」の中で次のように記している。[12]

かは竹の四谷のほとり、振袖のしんずくといへるは、鬼すだく所にて、椎《しい》の世に杓子とる飯盛女あまたあれば、かりそめの行きかひ路に、滋春のしげり過して、領域に死ぬ人も有りなん。（中略）閨《ねや》の屏風の十二さう、寝ながらをがむ太宗寺の、閻魔にちかふ仲町もたのもし。ちはやぶる上町には、帯をだにせぬ客ありて、横鉢巻の御普請かと、聲たかううめくもあるらし。げにやそれも戀これもこひにして、色でまろめし馬の糞、ふんと匂ひのくさまくら、旅傾城と人はいふとも、よく淀橋の水飴の、はなれじと語らふ人も多かりとぞ。

繁華街にある宗教施設の世俗性がここに端的に示されているが、さて、その「寝ながらをがむ」太宗寺は、（内藤）新宿の北側にあって、この閻魔の他、奪衣婆、江戸六地蔵（二番札所）でも知られていた。『新撰名所図会・西郊の部』に次のようにある。

霞関山と号し本覚院と称す。浄土宗にして芝増上寺の末なり。慶長年間内藤大和守重頼の創立する所。開山は念誉故心学玄和尚とす。（中略）本尊は阿弥陀如来にして恵心僧都の作。又位牌堂の弥陀の像は鎌倉仏士の作なりといへり。入口東に閻魔堂あり。一丈八尺の大坐像を安置す。一月七月の十六日を以て賽日とす。是日堂には地獄変相図を掲げ、鉦盤を鳴らし供養し、境内並に沿道には種々の観世物と商品鬻き、参詣する者蟻集す。西には丈六の大金銅地蔵あり。江戸六地蔵の第二番にして、沙門正元坊の建る所なり。台石に正徳二壬辰武州六地蔵□□江戸権化沙門地蔵坊正元と刻せり。(13)

このうち閻魔像は、造立年代・作者とも不明なものの寺伝によれば文化十一年に安置されたという。ところがこともあろうに、この閻魔の目玉を抜取るという盗賊事件が幕末の文化四年（一八四七）三月に起こった。これについては『藤岡屋日記』に詳しくまとめられている。(14)

桶町二丁目

閻魔を乱妨致候者

勝五郎
三十六

同町

勝五郎親分ニ而、同人を引取候者

倉　吉

右勝五郎義、昨五日夕六ツ時頃、四ツ谷新宿太宗寺境内通行致候処、同人先月中、小児疱瘡ニ而病死致し、引続き妻義も死去致候ニ付、不幸続候故か少〻取昇居候様子ニ御坐候処、何方ニて酒給候哉、強く給酔罷免在、同寺境内之閻魔堂修復中、平日締切有之、格子取退明放有之候ニ付、同人義小児を疱瘡ニ而失ひ、妻義も死去致し候義を思ひ出し、憤りニ不堪、高サ壱丈余有之右閻魔座像這上り、御首の髭を引放、右髭を以差渡六寸程有之候玉眼を毀し候節、俄ニ前後忘却致、五躰すくミ候由ニて、其儘地上へまろび落候内、太宗寺門前町役人共、右乱妨之始末見受候間、早速捕押、名住所相糺、様子承り候得ば全以取昇、其上熟酔致候者ニ付、前書倉吉呼寄引取、書付取候上ニ引渡遣し候由。

右は勝五郎義、閻王座像へ登り及乱妨候節、俄ニ落葉ハ、全霊験之趣と風聞仕候。

これを見ると、京橋桶町二丁目の勝五郎という職人が、三月五日の夕刻太宗寺境内を通行した。たまたま修理中のため、閻魔堂の格子戸が空いていた。勝五郎は子供が疱瘡にかかり、閻魔に願を懸けたがその効もなく先月子供は病死し、さらに女房も死亡してしまった。そのことを思い出して急に腹が立ち、酔った勢いで高さ一丈八尺余りの閻魔に這い上がり、径六寸の水晶の目玉を抜き取ったが、とたんにこわくなって五体がすくみころげ落ちた。そこを町役人に捕らえられたが、町役人は勝五郎の親方である倉吉を呼んで詫状を取り、身柄を引き取らせた。人々は勝五郎が落ちたのは閻魔の罰が当たったのであり、霊験ありがたい閻魔だと噂し合ったという。

ここに記されたユーモラスな話題が受けて「四谷太宗寺ゑんま大王像眼立くり抜き事件」等の瓦版・錦絵となり、当時のベストセラーとなったほどである。さらには、閻魔と盗人と坊主、この三人が拳を打っている錦絵も出て、これも評判になったが、これは同年正月の、河原崎座での当り狂言の中の「とてつる拳」をもじったものという。(15)

以上のように幕末には異常なほどに流行したが、ご利益は勝五郎の一件から、少なくとも諸病平癒があったことが判明する。また近代まで薮入りの際はかなり賑わったものの、今日では七月十五日と（この夜盆踊りが催される）翌十六日に開帳となるにすぎず、人が集まるのは盆踊りの時だけである。両日とも、本堂には、観無量寿経曼荼羅、涅槃図、十王図が掲げられるが、訪れる人はまばらである。絵解きも、少くともここ二〇年間は行われていない。一方の奪衣婆は像高約八尺と大きなものもあるが、割と影が薄い。近世以来閻魔ともども信仰されていたというものの、現在のそれは明治三年（一八七〇）の造立と伝えられる。奪衣婆が衣を剥ぐことを職掌とすることから、（内藤）新宿の妓楼の職業神として「しょうずかのばあさん」と呼ばれて信仰されていたようで、(16)正受院の奪衣婆や後ほど言及する深川閻魔同様、遊閣を抱えた街、花街ならではの信仰といえる。

三　新宿・正受院の奪衣婆

太宗寺の閻魔以上に幕末期に流行ったのが、同寺と背中合わせの位置にある正受院の奪衣婆である。『東京府豊多摩郡誌』に次のようにある。

願光窟妙了山と号し、浄土宗に属す。文禄三年の創建にして、開山を教誉正受乗蓮和尚という。寺地四百五十二坪、会津藩主松平容保の墓碑あり、又三途川老婆即ち奪衣婆の木像を安置せる堂あり、今に至り香火絶えず、像は一尺余の座像にて全体黒く眼光火烱々たり、決して凡作にあらず、昔時非常に流行し賽者山の如く、種々の風説あり、一時寺社奉行より停止せらるゝに至れり。(17)

この奪衣婆像は、像高七〇センチ、左膝を立て、右手に衣を持ち、頭から肩にかけて頭巾状の真綿を被ったものである。田安徳川家で見つかったものを、嘉永二年（一八四九）頃、田安家と縁の深い正受院に安置したものと伝えられるが、(18)像座の嵌め込み板に「元禄十四辛巳年　奉当山第七世念蓮社順誉選廓再興者也　七月十日」と墨書されていることから、実際にはこの頃造像の上、同院に安置されたものと推定されている。(19)俗称「綿のばあさん」と呼ばれ、咳止めや子供の疳の虫封じの信仰対象となっていた。長沢利明によれば、正受院にはかつて九品堂なるものがあっ

図３　国芳画「流行おばアちゃんねがいしょうじゅ」（『江戸四宿』より）

てそこに閻魔・地蔵とともに奪衣婆が祀られていた。そうして文化・文政期（一八〇四〜三〇）頃から毎月六のつく日に奪衣婆詣りが行われるようになり、閻魔をしのぐほどになったという。[20] そうして嘉永期に至り、爆発的流行神となるが、そのきっかけとなったのは、弘化四年（一八四七）の冬、正受院に押し入った盗賊五人が、奪衣婆の力によって捕らえられたとの噂が立ち、たちまち評判になったことである。それ以降もさまざまな風評が立って、参詣者が続々と訪れるようになり、諸願祈願の参詣者が境内にあふれるほどで、さらには瓦版、錦絵の類が数多刊行されるに至った。その一つ、嘉永二年（一八四九）に歌川国芳描くところの錦絵「流行おばあさんねがいしょうじゅ」（図3）であるが、そこには、

むかしむかし大そうねがひのきく　おばアさんがあったとサ。そのおばアさんにいろいろなぐわんをかける所がどんなことでも正ぢきなことならかなハぬことなく人げんハおろか其外なに事もかなふゆへ、牛馬ハちからのでるやう　ねずミハねこにあハぬよう　ねこハねずミ

のとれるやう　し丶おほかみハかりうどにあハぬやう　魚ハあみにか丶らぬやう　鳥ハとりさしにあハぬやう　りゅうハ天じゃうするやう　かみなりハようきのくるハぬやう　きつねハとりゐのかずをこなすやうにと、すべてしゃうあるものハのこらずねがひしに、ふびんの事におほしめしミなミなぐわんをかなへておやりあそバせしに、たぬきのねがいばかりハき丶玉ハずそこでたぬきがいふにハなぜわたくしのねがひばかりハかなひませぬ　といへバ「それでもむかし手まへハおれが子ぶんおしるにしてぢ丶いにくわせた事があるだらう」

と書かれている。咳止めや子供のカンの虫封じにとどまらず、遊女の瘡の治療祈願をはじめ諸願成就の霊像と大評判になり、なかにはお百度詣りをする者もあったという。(21) それをいささか揶揄《やゆ》気味に、国芳が取り上げているのである。

この時期の奪衣婆流行の様相と、正受院に寺社奉行の手が入るに至る経緯を、やはり、『藤岡屋日記』に丹念に記述されている。その厖大な史料については富沢達三が分析を加えている。(22) ここでは、簡潔に記した『武江年表』を引用し、(23) 幕末期の動向のしめくくりとする。

嘉永二年（一八四九）巳酉

今年より四谷新宿後正受院安置の奪衣婆の像へ、諸願をかくる事行はれ、日毎に参詣群集し百度参り等をなす（これ迄は口中の病を守り球ふとて、信心の者もありしなり）。これに依りて売僧ども種々奇怪の妄説を云ひふらし、香花を募ること甚だしかりければ程なく露顕し、官付の御所置に依りておのづから群集のこと衰えたり（又此の頃、愛宕下の吟窓院(24)へだつえ婆の巨像を安置す。坐像にして一丈余もあるべし。古筆了伴の寄附せりといふ）。

この事件後、奪衣婆信仰は沈静化するものの、明治末期の百日咳の流行時には、「正受院の線香の煙が四谷見附まで流れてぷんぷんになった」などというほどの賑わいを見せ、幕末期に劣らぬほどの様相を呈した。そうして戦前までは、参詣者によって奉納されたシャモジ（咳止め等の祈願用）や真綿が九品堂内にうず高く積みあげられているほど盛況だったという。(25)

しかし、昭和二十年（一九四五）の空襲によって、この九品堂はいうまでもなく本堂まで焼失し、唯一地下室に保管されていた奪衣婆像のみが残った。しばらくの間、バラック建ての御御堂の時代が続くが、昭和三十二年（一九五七）二月八日に東京和服裁縫組合が中心となって針塚が建立され、針供養祭が執行されるに及んで再び活況を呈した。今日では和服姿の若い女性による針供養パレードも加わって、華やかに行事が繰り広げられているという。(26)

太宗寺の閻魔および正受院の奪衣婆は、ともに幕末期の弘化から嘉永年間に流行神化したものであった。この時期は風刺画が流行した時でもあり、いわばメディアに乗って一世を風靡したのである。しかし、近代以降の動きを見ると両者は大きく異なっている。後者は、時代状況に左右されながらも、その時々の風潮を嗅ぎ取って巧みに適応し、また新たな信仰を育んできた。一方の前者は、明治期までは藪入りとの関係でそれなりの信仰を維持して来たるものの、その後は見る影もない。二〇〇九年七月十六日に筆者が、本堂の十王図等の管理をしている方にお寺側の行事の有無を問うと、前夜の盆踊りをあげ、その他は何もないと答えた後、「坊さん達はお盆の棚まいりで忙しいから」とつけ加えられた。東京の盆行事は、新暦を採用した近代以降七月であり、なるほどと納得した。確かに太宗寺は菩提寺としてそれなりの規模を持ち、この時期多忙を極める。一方の正受院も菩提寺として機能しているが、針供養の行事は盆供養と重ならないし、何よりも奪衣婆の布教に積極的に取り組んで来た。こうした対応姿勢の違い、これが近代以降の展開の相違をもたらした一つの要因といえるかもしれない。

四　小石川・源覚寺と深川・法乗院の閻魔

ここでは、御府内の閻魔六六か所のうち、比較的近年まで信仰が盛んであった二か所を取り上げる。先ず、文京区小石川・源覚寺のこんにゃく閻魔であるが、『文政寺社書上』に、

源覚寺　小石川に起立ス　京都知恩院末
　浄土宗　常光山西向院源覚寺
境内拝領地千三百四十四坪
起立寛永元甲子年　地処之儀尤　開山定誉随波上人伝通院三世ニ而台徳院様江隠居所御願ニ付
松平右門太輔殿被ニ仰上一　則拝領仕候

とある。同寺は近世、そして近代と再三火災に見舞われ縁起等も存在しないが、『新選東京名所図会・小石川区』によれば、こんにゃく閻魔の縁起は次のごとくである。(27)

写真６　小石川・源覚寺の閻魔

閻魔大法王略縁起

当寺にて安置し奉る閻魔大法王はそのかみ小野篁卿一刀三礼の御作にして　半井和州侯の別荘地の中より出現し給ひける尊像なり　すぎし宝暦の頃　或老女眼をなやみ医薬験《しる》しなく　其いたみ堪がたければ　此尊像に歎き三七日を限りと日参せり　満参といへる夕　尊像老女の夢に告給けるは汝が眼病の業感にして平癒すべきにあらず　されど病苦を忍び誠をあらはす　志しのことにあはれなれば　我片眼をもて汝にあたふぞと見て夢覚にけり両眼のいたみ拭がごとく癒え　片眼むかしにまさりて明らか成ることを得る　老女不思議の感応に驚き　其暁本殿に詣で拝し奉りけるに　尊像の右の御眼盲にてぞましまし給へる　よつて世に身代りの尊像とは称し奉るなり　此報恩の為とて　老女好む所の蒟蒻を禁じて　法王の供御に備へ奉りぬ　しかしてより法王供御とはならひ侍りける。此蒟蒻を備へて祈願するに　霊験あらたに利益を蒙るもの枚挙するにいとまあらず　大むねこれに略す　爰に法王の本地を尋るに　地蔵大菩薩の垂迹にして　此菩薩一子平等の御慈悲より一切衆生を済度の大願広大なること言葉にのべがたし　且は七難八苦九横の難をすくひ　いか

にもして救ひたすけんと思召　変化無量一切に応現したまふゆゑに閻魔法王となり給ひにけ
り　くはしくは経拠に説が如し　尚未来無窮の得益これまたうたがひなし　信心の輩拝礼あ
らんものは現当二世の大利益を蒙る事前文の如し　得てしるべし
　別当所

つまり一人の老婆が眼病をわずらい、閻魔に願をかけた。満願の日夢から醒めると、不思議なことに老婆の眼は回復したが、逆に閻魔の片眼がつぶれていたという。そうして老婆がその御礼に好物の蒟蒻《こんにゃく》を供えたので、以来供物として閻魔に奉じるのだという。この縁起もすこぶる類型的な内容であり、よく知られる身代わり仏として閻魔が描かれていることが知られる。

なお、源覚寺の閻魔像は銘文に「寛文十二壬子閏（一六七二）六月十五日　施主武州江戸小石川源覚寺第四世雲蓮社白誉清岸上人　仏師竹内浄正」とあり、文明五年（一四七三）の保泉院像、元禄十二年（一六九九）の常楽寺像に次いで東京では古いものである。この閻魔像に一対の倶生神と奪衣婆が並祀されている。かつて閻魔堂の庇に地獄変相図、十王図を掲げ絵解きも行っていたらしいが、現在は本堂に掲げて参詣者の閲覧に供しているだけである。

この他源覚寺には、閻魔像と仏説大蔵正教血盆経の版木が残っており、刷り物を参詣者に配っていたらしい。その閻魔の版木に「明治十四年巳年一月十有六日出来　二拾世香誉海定　判下松下尚悦」と記されているが、香誉上人は明治初期閻魔信仰の復興に努めた人と伝えられている。血盆経といえば熊野比丘尼が絵解きに用いた「地獄極楽図（熊野観心十界曼荼羅）」に女性に関わる血の池地獄や不産女地獄等が描かれているが、幕末に描かれたと思われる源覚寺蔵の「地獄絵」にも血汚池なる場面が描かれている。しかし女性との因果を特に強調しているとも思われない。いずれにしても源覚寺ではこの血盆経の刷り物と合わせて、血の池地獄から免れるために陀羅尼を書写しまた読誦せよと説いて、陀羅尼の刷り物を配布していたのであり、その版木も残っている。[28] この時期女人救済が人々によってどのように受け止められたのか、気になる所である。

こんにゃく閻魔は江戸後期と明治期に活況を呈した模様であり、後者の状況について『東京名所図絵』は次のように伝えている。[29]

蒟蒻閻魔は著名なり　一月と六月の賽日には　小石川　本郷辺より詣客群をなして　境内甚だ賑へり　之を祈るに必ず蒟蒻を手向く、又奇と謂ふ可し　毎月七日十六日の両日は縁日なり　境内に観世物二三種小屋掛す　境外嫁入橋（本名源覚寺橋）を渡りて　諸商人　一は初音町鶯橋に達し一は初音町の裏通　小石川の流に沿ふて柳町に及ぶ　其間露店を列ぬるなり

とあってたいそうの賑わい振りである。近世段階でも遊山の一環としてこの閻魔詣りが行われていたことはいうまでもないが、この時点では既に様々な見世物同様に、一つのショウを見る趣きで地獄の実見に赴いたものと予想される。

源覚寺では現在でも一月十六日の初閻魔と七月十六日の大斎日には地獄絵と十王図を掲げて参詣者に披露しており、この他先に紹介した新宿の太宗寺、そして深川閻魔と呼ばれる法乗院が同

様の縁日を催す所として知られている。しかし残念ながら太宗寺にせよ源覚寺にせよ、かつての賑わい振りを知るよすがもない。これに対して深川・法乗院、通称深川閻魔は、はとバスの巡回コースになるほど大流行りなのである。

深川閻魔堂（賢台山賢法寺）は真言宗豊山派末、寛永六年（一六二九）覚誉僧正によって深川富吉町に創建され、同十六年（一六三九）清澄通りの現在地に移転したが、江戸三閻魔の一つとしても名をはせた。しかし明治の廃仏毀釈によって閻魔像は灰燼に帰してしまう。ようやく昭和五年（一九三〇）本山の長谷寺より閻魔像を譲り受けて祀るが、これも戦災によって焼失してしまうという不幸な経過を辿った。やむをえずしばらく閻魔絵像を掲げていたが、二五年ほど前新たに造像し、十王図も旧安房三芳村延命寺の天明四年（一七八四）の物を複製して閻魔堂に掲げ、以来再び数多の参詣者を仰ぐようになった。檀家数は都内約一〇〇〇戸、近県八〇〇戸であり、毎月十六日にはご詠歌講として檀家の婦人達が集まるし、閻魔講の組織化も進められている。同寺の年中行事は表2の通りであるが、暮から正月の十六日にかけては福銭と称して、五円玉二つを紅白のこよりで結びつけたものを参詣者に渡

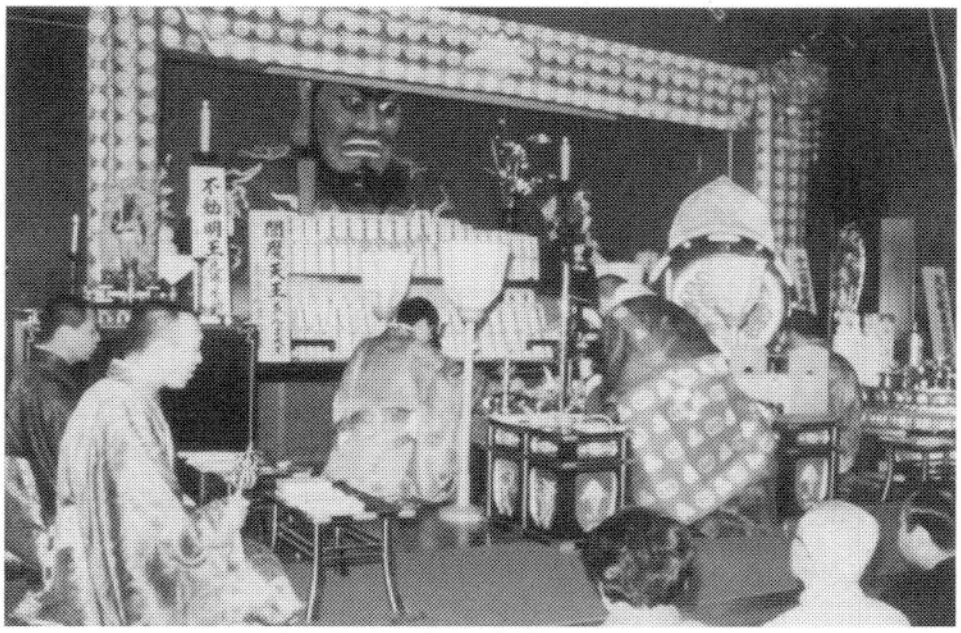

写真７　深川・法乗院の閻魔

す。昭和六十二年度は五〇〇〇枚用意したが足りず、翌年は八〇〇〇枚準備したという。また新盆には講堂でスライドを用いて十王図の今様絵解きを行なっており、この時も五、六百人は集まるといわれる。また蒟蒻については源覚寺のみならず、多くの寺院で閻魔の供え物として用いられていたらしく、ここでは嘘をつく舌の代わりといい、嘘をついた人が、懺悔の意味を込めて供えるのだと説明されている。かつて深川の花街の芸者達は数を競って供えたともいう。なんとな

表２　深川閻魔堂の年中行事

1月	元旦　新春大護摩法会　初聖天 ２日～７日　新春祈禱会 15日　成人冠法会 16日　やぶ入り・初ゑんま大祭　護摩修法 18日　初観音様 21日　初大師様 24日　初地蔵様 28日　初不動様
2月	15日　釈尊涅槃会
3月	18日　彼岸入り 21日　中日・弘法大師御影供・春季彼岸大法要 24日　彼岸明け
4月	８日　釈尊誕生会（お釈迦誕生花まつり） 12日　大般若転読会
5月	５日　専誉僧正報恩会 17日　永代供養位牌安置大法会
6月	15日　弘法大師誕生会 17日　興教大師誕生会
7月	第１日曜日　大施餓鬼会 13日～15日　盂蘭盆会 16日　やぶ入り　ゑんま大祭・護摩修法
9月	20日　彼岸入り 23日　中日・秋季彼岸大法要 26日　彼岸明け
12月	８日　釈尊成道会 12日　興教大師陀羅尼会 16日　納めのゑんま様 18日　納めの観音様 21日　納めの御大師様 24日　納めの地蔵様 28日　納めの不動様 31日　納めの写経会・詠歌和讃購 除夜の大祈禱会・納めの聖天様

表３　守札・縁起物等深川閻魔堂の販売種目一覧

番号	種　目	備　考
1	無病念珠	ぼけ封じ，500円
2	干支別・腕輪念珠	700円
3	開運杓子	「福をメシトル」，300円
4	延命箸	100円
5	ボケ封じ箸	700円
6	印籠	500円・1,000円の２種
7	祈願茶	「聖天様の霊験をそのままパック」 1,500円・3,000円
8	一升（一合）浮気封じ枡	5,000円・1,000円
9	一休さん貯金箱	900円
10	破魔矢	1,000円
11	清浄ステッカー（室内用）	「急ぐとも外に散らすも吉野山桜も花も散れば見苦し」なる文面のもの。100円
12	交通安全・悪魔降伏（守札）	1,000円
13	交通安全守護（守札）	500円
14	閻魔・交通安全御守護（守札）	500円
15	厄除開運（守札）	300円
16	御守護（守札）	150円
17	大日如来（守札）	300円
18	カード型干支別八体仏御守	700円
19	干支の守護本尊別メダル御守	500円
20	ゴマ木・ローソク	各100円，商売繁昌・病気平癒・息災延命・交通安全・家内安全・祈願成就・合格成就・怨敵退散・いじめ除け・ボケ封じ，浮気封じ・開運厄除・縁結び・航空安全等ご利益別。
21	地獄・極楽図ポスター	150円
22	地獄・極楽図カタログ本	1,900円
23	奉修閻魔堂護摩供息災安穏祈攸	2,000円～10万円まで７種

れば数が多いほど嘘をついて客をとったことを意味し、優越感に浸ることができたからである。近年は正月の間厄除田楽と称して蒟蒻を参詣者に供している。厄除転楽をもじったもので、その他この種のシャレを混じえて多くの守札、縁起物を考案して売り出している（表3参照）。「商売上手」といってしまえばそれまでだが、信仰を現代社会に生かそう、信仰によって日常生活を活性化しようとする寺側の布教活動の一つの表われともいえよう。それに呼応して参集する信者が多いということは、それがある面では効を奏したことを意味し、それと同時に現代人がいかに現世利益を求めてやまないかを示していると思われる。さらには地獄の盟主をも守護神・福神に組み入れてしまう、庶民のしたたかさを思い知らされるのである。

結びにかえて

今日我々が描く恐ろしげな閻魔のイメージは、鎌倉期以降のものである。そうして古くは地獄は必定という考え方があったが、現世を肯定的に生きるという状況が横溢《おういつ》する近世社会にあっては、生前に善行を積めば堕地獄から解放されるという善因善果の考えが、薮入りと結びついて庶民の閻魔参詣を促した。しかも近世的開放感の中で地獄や閻魔は半ばパロディー化され、一つのショウを見る趣きで地獄の実見に赴くようになった。こうした経緯と対応して、閻魔像もすこぶる柔和な表情となった。このような閻魔のイメージが象徴的に示されているのが、本格昔話の笑話に登場する閻魔といえる。古代・中世以前のおどろおどろしき世界を離脱した閻魔信仰が近世以降出現したのである。

以上のことを確認した上で、江戸周縁部に位置する新宿・太宗寺の閻魔信仰の展開について、正受院の奪衣婆信仰を視野に分析を加えた。また御府内の境界領域に立地する、小石川・源覚寺と深川・法乗院の閻魔についても合わせて考察を試みた。元々閻魔と奪衣婆は、あの世とこの世との境にいて、死者の身ぐるみを剥いだり、生前の罪情に審判を下す存在に他ならなかったが、近世のある段階では、病気平癒祈願の対象となっていた。そのうち新宿の閻魔と奪衣婆は、幕末期の風刺画ブームに乗って現世利益的側面を強め、特定の病気平癒祈願から諸願成就にまでご利益を拡大させた。

一方、小石川源覚寺のこんにゃく閻魔は、近世眼病に効験のあるホトケと名を馳せたが、近代に入ると血盆経を売り出し、女性の堕地獄からの救済を説くような動きを見せた。それが女性達にどう受け入れられたのか、興味深い所であるが不明である。また、深川・法乗院については近世の実態ははっきりしないものの、明治の廃仏毀釈、戦災といった逆境にめげず、さまざまな活動を通じて、現在最も賑わいを見せている閻魔の一つである。太宗寺、源覚寺との差は、絵解きの様相を想像すれば歴然とする。

深川・法乗院のそれを含め、これらは近世よく知られたホトケであり、明治期まであるいは戦前まで信仰が盛んであった。しかし、戦後以降現在に至るまで、賑わいを見せているのは正受院の奪衣婆と法乗院の閻魔だけである。それは、その時々の庶民の現世利益的欲求を汲み取りながら、状況に応じた宗教活動を展開してきた結果だろう。言い方を替えれば、新しい要素を加えながら豊かな民俗を育んできたということであり、その努力と創造力には敬意を表したい。

Ⅲ　奪衣婆信仰の地域的展開

――秋田県下の事例を中心に――

はじめに

奪衣婆は、三途の河のほとりで亡者の衣を剥ぐ恐ろしげな形相の老婆として知られ、十王信仰とともに流布した。寺院や地域社会の堂宇には十王堂なるものがまま見られ、地獄の盟主とされる閻魔を中心に十王が祀られ、その片隅に奪衣婆が安置されていることが多い。しかし時には閻魔をさしおいて、奪衣婆が中央にデンと据えられていることもある。奪衣婆が経典に現われるのは、唐の蔵川が撰述した『預修十王生七経』に基づいて、十二世紀末、平安時代末期に成ったのが偽経『発心因縁十王経』である。『発心因縁十王経』には次のように記されている。(1)

第一秦広王宮不動明王

第二初江王宮釈迦如来

葬頭ノ河曲、初江ノ辺ニ於イテ、官庁相連承ス。前ノ大河ヲ渡ル所、即チ是レ葬頭ニシテ、亡人ヲ渡スヲ見ル。奈河ノ津ト名ヅク、渡ル所三有リ。一ハ山水瀬、二ハ江深淵、三ニハ橋渡有リ。官前ニ大樹有リ、衣領樹ト名ヅク。影ニ二鬼住メリ、一ハ奪衣婆ト名ヅケ、二ハ懸衣翁ト名ヅク。婆鬼ハ盗ミノ業ヲ警《イマシ》メテ、両手ノ指ヲ折ル。翁鬼ハ義ヲ無ニスルコトヲ悪《ニク》ミテ、頭足一所（マヽ）ニ逼《セ》ム。初開ノ男ヲ尋ネテ、其ノ女人ヲ負ハシム。牛頭ノ鋏棒ハ、二人ノ肩ヲ挟ミ、疾キ瀬ヲ追ヒ渡シテ、悉ク樹下ニ集ム。婆鬼ハ衣ヲ脱ガシメ、翁鬼ハ枝ニ懸ク。罪ノ低《ヒク》キト昂《タカ》キトヲ顕ハシテ、後ノ王ノ庁ニ与フ。時ニ天尊ハ是ノ偈ヲ説キテ言ハク。

これによれば、葬頭河《そうずがわ》の湾曲したほとりに初江の王庁があり、生前の罪業によって渡る所が、水が浅く歩いて渡れる所、水底がきわめて深い所、橋のかかっている所と三か所あって、これを奈河津という。官庁の前には衣領樹と称する大樹があり、その下に奪衣婆なる婆鬼と懸衣翁なる翁鬼がいる。奪衣婆は盗業を戒めて両手の指を折り、懸衣翁は悪業を憎んで頭と足とをひとまとめにしてしまう。はじめて契りを結んだ男はその女性を背負わされる。牛頭の獄卒は鉄棒で二人の肩を挟んで流れの早い瀬を渡らせ、ことごとく衣領樹の下に集める。そうして奪衣婆が亡者の衣を剥ぎ懸衣翁が枝に衣を懸けて、枝の垂れ下り具合から罪の軽重を判断して亡者を次の王庁に送る、というものである。

しかしながら、あの世とこの世の境、三途の河のほとりの衣領樹近くに居て、亡者の身ぐるみを剥ぎとる職掌の奪衣婆は、何故か子授け・安産・乳授け・子育て、咳止め・虫歯の治癒にご利益のある存在となり、人々の信仰を集めてきた。この点について鎌田久子は「ウバの力」なる論稿の中で、「この仏教の奪衣婆を受け入れ、これに子供の生育祈願をするのは、その下染としてウバと呼ばれる者が境の神として、即ちあの世からこの世、この世の中においては生児から乳児、幼児とその生育過程の境に関与すること、即ちウバ神信仰というものを持っていたのではなかろうか」と述べている。(2)つまり姥神をベースに、仏教の奪衣婆信仰が重なって多様な展開をとげたと見ているのである。この点については柳田國男も『日本の伝説』の中で触れており、「姥神はまた子安様といって、最初から子供のお好きな路傍の神様でありました」と位置づけた上で、さらには境（関）の神と結びつけながら「昔の咳の姥神は、おおかた連れ合いの爺神と共に、ここで祀られた石の神のことであったろうと私などは考えてゐます。それを仏教の方に働いてゐた人たちが、持って行って地獄に行く路の三途川の鬼婆にしたのであります」と指摘している。(3)

これに対して、奪衣婆信仰と精力的に取り組んでいる川村邦光は、柳田が奪衣婆について一切問うことなく姥神の実体だけを探ろうとしたと、その姿勢を批判しつつ、奪衣婆信仰の歴史的展開をトレースしている。川村は、さまざまな文献や絵画資料、先行研究を渉猟した上で、死者と縁のある女が死者の衣を洗い干す習俗に着目した。そうして「産神を祀り、胞衣《えな》や生児を洗い、生児に霊魂を与え、名づけをする一方で死者を洗い、葬式の泣き女も務める『洗う女』としての産婆、すなわち人の生き死にの境を媒介する産婆」と奪衣婆のイメージを重ねて「『洗う女』は中国風の鬼が奪衣婆として和風化するうえで触媒の働きをしたのではなかろうか。それに『女神』としての姥神が複合され、片膝立て坐りの奪衣婆像が生まれたと考えられる」と結論づけてい

る。(4)

川村は、日本的奪衣婆信仰が展開を遂げる上で「洗う女」としての産婆が大きな役割を果したと見、さらに姥神信仰との習合を想定したのである。大変魅力的な説ではあるが、このような中世的な産婆の存在を確認することはなかなか難しい。本章では、文献史料、絵画資料、彫像を見据えつつ大雑把に奪衣婆信仰の歴史的展開を整理し、その上で秋田県下の奪衣婆信仰について分析を加えることにしたい。姥神その他と習合した奪衣婆信仰の現実の姿を、地域の状況に即して分析することがその目的にほかならない。秋田県下では、小野小町伝承がからみ、さらに複雑な様相を呈しているのである。

一　奪衣婆信仰史の概要

『発心因縁十王経』は、先に触れたように『預修十王生七経』に基づいて日本で撰述されたものと見なされているが、一方ではその描写内容の精粗の相違から見て「この経の祖型もやはり中国で成立し、日本で加筆、訂正されたもの」と見る中野照男のような論者もいる。(5) いずれにしても『預修十王生七経』には、『発心因縁十王経』にある、奈河津の三か所を渡るシーンや奪衣婆・懸衣翁に関する記述はない。そうして、①パリ本十王図（Pelliot 2003）、②パリ本十王図巻（Pelliot 2870）、③佐藤汎愛氏将来長尾美術館所蔵十王経画巻（五代の乾化元年―九一一年作）、④パリ本十王経図巻（Pelliot 4523）等『預修十王生七経』に基づいて描かれたとされる絵画類には、河のほとりに衣領樹があったとしても、そこにいるのは獄卒だけで（④の場合半跏趺坐）、奪衣婆や懸衣翁は登場しない。[6]

これら中国・敦煌十王経図巻形式とわが国中世の十王図形式のものとを比較した川口久雄は、前者を墨書淡彩、紙本の巻子、凄絶な地獄絵、辺境的庶民芸術、絵解き唱導用のものとし、後者については絹本賦彩、掛幅、都会的洗練された筆致、礼拝対象として寺院の壁に掲げるものと、その特徴を整理している。その上で、⑤高野山聖寿院本（十王経図巻・室町期に転写）、⑥原氏本十王図（掛幅・鎌倉末期〜南北朝期）、⑦京都二尊院蔵十王図（掛幅・鎌倉末期〜南北朝期）、⑧京都禅林寺十界図（掛幅　鎌倉末期）の四点を取り上げて分析を加えている。[7] それによれば、⑤は明らかに敦煌十王経図巻形式のもので、衣領樹のそばにいるのは鬼卒である。⑦は一〇幅の掛幅形式で、第一の秦広王図の場面に三途の河が描かれていて、古木の大樹近くに牛頭の鬼卒がいる。日本的な掛幅形式をとるものの、内容的には十王経図巻形式のものである。それに対して、⑥は趣を異にし、二幅の大画面に五王ずつ左右交互の順で上段にいかめしく几案《きあん》を前にして列座し、下半分には地獄の場面が描かれている。初七日秦広王の下段には「三途大河」があって橋のそばに衣領樹が描かれ、樹下に片膝を立てて座している白髪白衣の婆鬼がいる。これも掛幅形式であるが、三途の河や婆鬼が登場するのは初七日の秦広王のシーンであり、『発心因縁十王経』のそれとは異なる。ただし、本地仏は書かれており、『預修十王生七経』と対応するものでもない。

十王図には秦広王とセットの場合が多く、京都府浄福寺（室町中期）、佐賀県万寿寺（室町末期）のそれも同様である。⑧は二幅の片方に阿弥陀如来の坐像と声聞像、畜生、阿修羅、人、天の四道を描き、もう一方に地蔵菩薩の坐像と十三像、地獄、餓鬼の二道を描いている。さらには奪衣婆や三途の河などもつけ加えられている。これらを見渡しただけでもバリエーションに富んでおり、十王図・十界図、六道絵毎に違い、また寺院ごとに特徴を持っている。総じていえることは、婆鬼、奪衣婆は鎌倉末期以降の絵画資料に登場し、立像、両膝立て、半跏趺坐と姿態も多様だが、室町中・後期以降右膝（あるいは左膝）立ての半跏趺坐のものが圧倒的に多くなる、ということである。

一方彫像のうち、先ず木像のそれを概観したい。こちらは室町期以降のものしか見当らず、半跏趺坐像がほとんどである。製作年代が判明しているものでいえば、京都府南山城町・常念寺のそれは、文明六〜八年（一四七四〜七六）の作とされ、十王、二倶生神、奪衣婆の十三像で、右膝立てで、胸をあらわにしつつも幼児像を抱く珍らしいものである。(8) また神奈川県鎌倉市・円応寺のそれは、十王、司命、司録、鬼卒と奪衣婆の一四体および檀拏幢がセットになっており、閻魔等は鎌倉期の作であるが、奪衣婆は永正十一年（一五〇五）に製作されたもので、左膝をやや上げている像である。ただし、胸をあらわにしたようなものではなく、衣服整着、頭に帯を巻いたものである。二例しか紹介しなかったが、像容についていえば、この時期の絵画資料の傾向と異なるものではない。

石像奪衣婆に関しては、丸井澄が全国に分布する二五基について整理を試みている。(9) このうち室町期のものは五基のみで、残りは江戸期のものである。室町期のうち、左あるいは右膝立て半跏趺坐像は各一基、正座・坐像各一基、不明一基といった具合だが、江戸期のものはほとんどと言って良いほど半跏趺坐像である。室町期のもののうち製作年代が判明している二基について見ると、寛正七年（一四六六）銘の長野県上田市・満願寺にあるものは、正座の単独像である。一方永正十五年（一五一八）銘の熊本市南関町大迫にあるそれは、重刻六地蔵石幢のレリーフである。上部に六地蔵が彫られ、中台の側面五面に各二体の十王像を、一面には人頭杖を挟んで奪衣婆と懸衣翁が浮彫りされている。奪衣婆は左膝を立て、右手に衣類を持っている。(10) いずれにしても、石像奪衣婆の姿も、室町後期あたりから定型化していったことがわかる。

最後に、中世までの文献で所謂「奪衣婆」に言及しているものに検討を加えてみることにしたい。表4は、石破洋「わが国における十王経」なる論文をベースに整理したものである。「奪衣婆」が『発心因縁十王経』以外に初めて現われる文献は『本朝法華験記』であり、『今昔物語集』にも類話がある。これはいうまでもなく『本朝法華験記』に基づくもので、連秀法師の他界遍歴・蘇生譚の中で、「嫗《おうな》の鬼」「三途の河の嫗《おうな》」の名で奪衣婆像が現われる。そうして、それ以降の『十王讃歎鈔』『私聚百因縁集』について川村は、『地蔵十王経』の諸説をふくらませたもの、あるいは簡略化させたものと見ている。(11) それに対して石破は、『本朝法華験記』が何に依拠するかは不明であり、『十王讃歎鈔』『私聚百因縁集』から『普通唱導集』に至る諸本については、『発心因

表４　「奪衣婆」所伝文献リスト（中世までのもの、経典を除く）

文　献　名	成立年代	衣領樹	「奪衣婆」	懸衣翁	備　考
1）『本朝法華験記』中巻七十「連秀法師の条」	長久４年（1043）	大　　樹	三途河嫗	懸衣翁	其形醜陋
2）『今昔物語』巻十六の三十六「醍醐ノ僧連秀、仕観音得活語第卅六」	12世紀前半	？	三途河ノ嫗	—	其ノ形鬼ノ如シ也
3）『十王讃嘆抄』「二七日初江王の条」	建長６年（1254）	衣 領 樹	懸衣嫗 三途河ノ嫗	懸衣翁	鬼、初江王庁
4）『私聚百因縁集』巻四の二「初江釈迦本迹之事」	正嘉元年（1257）	衣 領 樹	奪衣婆	懸衣翁	初江王庁
5）『十王讃嘆修善鈔』	永享５年（1433）	衣 領 樹	脱衣嫗 三途河ノ嫗	懸衣翁	
6）『浄土見聞録』	室町時代写	衣 領 樹	脱衣鬼	—	初江王庁
7）『普通唱導集』「第二初江王」	室町時代写	衣 領 樹	婆鬼	懸衣翁	初江王庁、『発心因縁十王経』による
8）『もくれんそうし』	享禄４年（1531）写	ひらんしゅ	三つの うは	—	
9）『平野よみかへりの草紙』	永禄４年（1561）写	ひらんじゅ	鬼の形 なるうは	—	

縁十王経』の影響があるにせよ、『発心因縁十王経』に見られない内容が多々窺えるとしている。さらに『もくれんそうし』以降のものになると「衣領樹」が「ひらんじゅ」になったり、枝の垂れ方で罪の軽重をはかるなど、それまでのものとは趣を異にした内容になると指摘した上で、『預修十王生七経』『発心因縁十王経』とは別種のものが存在し、十世紀に日本に入って来たのではないか、といった大胆な仮説を提示している。[12] ただし、枝の垂れ方で罪の軽重をはかることは『発心因縁十王経』に記されていた筈である。どちらの経典にしても、二七日《にしちにち》の初江王との関係で語られているのである。先に指摘した初七日の秦広王とのかかわりが、何を典拠としているのか気になるところである。

さて、所謂「奪衣婆」の呼称は、三途の河の嫗に始まり、懸衣嫗、脱衣嫗、脱衣鬼、婆鬼とさまざまであるが、室町中期あたりを転機として、それ以降半跏趺坐の姿態に定着していくことが、先の絵画資料、彫像より窺い知ることができた。そうして、当初懸衣翁とペアを組んでいたものがいつしか一人立ちし、近世にもなると、閻魔と肩を並べるほどの存在となり、さまざまな信仰が育まれていくのである。

なお、近世の文献にもさまざまな名称で「奪衣婆」が登場する。[13] 一例をあげるならば、『諸宗仏像図彙』（元禄三年刊）には「葬頭河婆《ソウズガワウバ》　三途河ニアリ名ヲ奪衣婆ト云フ」と記され、また『人倫訓蒙図彙』（元禄三年刊）には「御優婆勧進《おうばのかんじん》」の表題で、黒染の衣をつけた宗教者が、奪衣婆と地蔵の厨子を天秤棒で担いでいる絵が描かれている。これに関しては、久下正史も言及している。[14]その他『好色五人女』巻一(貞享三年刊)、『根南志具佐』一之巻(宝永一三年刊)、『浮世風呂』第四編巻之下(文化一〇年刊)等々の文学作品・随筆にも、それぞれ「三途川の姥」「三途川の姥」「三途川の婆様」の名が見られる。

以下、秋田県下をフィールドとして、近世以降の展開をさぐってみる。

二　小野小町と姥神・奪衣婆信仰

小野小町は九世紀頃の人とされているが、生没年は不詳である。時代を代表する女流歌人、王朝屈指の美人と讃えられ、実人生と乖離した多くの民間説話が生み出され、全国各地に伝承されている。秋田県下では、雄勝郡雄勝町の旧小野村が小町のゆかりの地とされているほか、山本郡山本町小町、沼部郡雄和町安養寺などにも小町のことが伝えられており、さらには各地に小町像なるものがあって信仰対象ともなっている。古くは菅江真澄が秋田県下の小町伝承に分析を加えており、[15]明治中期に近藤源八によって編纂された『羽陰温故誌』にも詳しく報告されている。[16]また、大島建彦、錦仁らの示唆に富む論著がある。[17]ここでは、小町老残の木像がある秋田市旭南町・誓願寺(浄土宗)と、横手市金沢本町・旧専光寺(浄土宗)を取り上げ、その信仰の軌跡を辿るとともに、姥神・奪衣婆信仰とのかかわりについて分析を加える。

先ず誓願寺であるが、慶長十年(一六〇五)に初代秋田藩主・佐竹義宣が建立した寺院で、開山は覚蓮社良正僧文冏《ぶんけい》である。[18]　ここに「小野小町百一歳の像」などと呼ばれる、実物大の奪衣婆像が安置されており、かつては乳授け・子育ての信仰で婦人の参詣が絶えなかったという。通称は「葬頭河《そうずか》の婆《ばば》さん」「三途の川原の婆さん」「小町さん」等々多様である。近藤の『羽陰温故誌』には次のように記されている。[19]

○老婆　慈覚ノ作ト云縁起ニ曰誓願寺開山文国《ママ》上人大和巡リノ際霊夢ニ仍テ小松寺ニ安置シアルニ乞ヒ求メ秋田ニ下リタリ土崎湊幻見庵ニ其嫗像ノ写シ左ノ如シ。名勝誌曰該寺ハ慶長十年八月佐竹義宣ノ建立スル処ニシテ僧文閊《ママ》ヲ以テ開山トシ、浄土宗ニシテ、春日運慶作ノ阿弥陀如来ヲ本尊トシ、境内三千七百十二坪什宝ニハ慈覚大師ノ作奪衣鬼ノ像相伝ヘテ（小野小町百一歳ノ像ナト云）又琢磨法眼筆跡阿弥陀如来等ナリ。縁日毎月十四日二十五日ニシテ参詣スル者多シ云々

これによって、小町像は慈覚大師の作であり、文冏上人が大和を旅している時に小町が夢枕に現われ、小松寺に遷すようにと告げたのでそこに遷座した。そうして秋田に来る時に乞い求めて土崎湊の自分の庵に安置していたが今は誓願寺にある、等々のことが知られる。

写真8　誓願寺の小町像

言うまでもなく半跏趺坐の木像で夜な夜な出歩くという伝承もあって、かつては厨子に金網を張ったりガラス張りにしていたが、二〇〇三年に本堂を建て替えた時、厨子から表に出して直接拝めるようにしたそうである。檀家を中心とする婦人達が、綿帽子をかぶせたり綿入れを着せたりと季節季節の衣装をしつらえている。毎月六日が縁日とされ、五、六人の婦人達が集まって菓子、果物等のお供えをあげ、住職・副住職がお経をあげている。七月五、六日は特に盛大で、かつてこの辺りに住んでいた出郷者も遠方からやって来る。この時は、特別に鶴の子餅を供えるという。

「婆《ばば》さんの乳をなでると、乳の出ない婦人も出るようになる」といい、第二次世界大戦前までは、乳の形をした晒《さらし》の袋に洗米を入れて供える人もいた。住職夫人が嫁いで来た昭和四十八年（一九七三）頃は、いつも一五、六人の女性が集まっていたという。一時参加者が減り、男性が二、三人参加していた時期もあったがその人達も亡くなり、今は四十〜六十代の婦人五、六人が中心メンバーである。お参りのたびに祈願内容を紙に書き記して像の前に置かれた箱に入れているようで、十数枚の用紙が重なっていた。「おばあ様、元気で働けるように見守って下さい」「今年もよろしくお願いします」といった類のものが多く、本来のご利益である安産や乳が出るようにといった内容のものではない。百一歳まで元気に生きた小町にあやかりたいというものが多い。そうして、こわい顔をしているだけに、余計ご利益があると見なされているようである。

一方、横手市金沢本町にあった旧専光寺は、永享年間（一四二九〜四一）に天台宗の庵として開創されたが、元和元年（一六一五）の幕府の宗教統制を契機に金蓮社宝誉上人蓮花寿円（万治二年寂）によって浄土宗に改宗された。享保年中（一七一六～三六）に火災に会い、明治二十八年（一八九五）には仙北郡六郷を中心とする大地震の被害を蒙り、何度か再建されている。同寺の寺宝は小野小町自作の木像で、半跏趺坐の姿態から地元の人達に「小町ババさん」と呼ばれて親しまれてきた。しかし、檀家数が少ないことから二〇〇三年に廃寺となり、小町像は現在秋田市旭北寺町・釈迦堂光明寺（浄土宗）に保管されている。なお、廃寺跡には「姥尊安置所　大正九年徳誉代」なる石塔が墓域に残されており、小野小町と姥神・奪衣婆信仰が分ち難く結びついていることが知られる。なお、明治三十九年（一九〇六）に安藤和風他によって編纂された『秋田縣案内』には次のように記されている。(20)

〇専光寺　荒町に在り珠玉山と稱す浄土宗にして三途川媼の像を蔵す（俗にばばさん）乳汁少き人祈願すれば効ありといふ開山は蓮開上人にして夢に女性來り我は雄勝郡小野寺別當林の山洞に自刻の自像と大日如来の像殘せり汝之を祭らば所願叶ひ二世安樂たるべし到れば果して之あり依て之を寺内に安置せりと云ふ

以上から、(a)俗に「ばばさん」と称される乳授けにご利益がある奪衣婆が存在し、しかも大日如来像が伴なっていること、(b)これは老婆（小町）自作の像にほかならず、(c)これを祀らば二世安楽間違いなしと夢告があって蓮開上人がそれに従がったこと、この三点が確認できる。なお、小町像、奪衣婆像を祀るきっかけは老婆（小町）の霊夢（夢告）によるものであることは、先の誓願寺のケースと同様である。そのことを銘記しておきたい。

ちなみに、柳田もこの『秋田縣案内』に依りながら、奪衣婆と姥神、小町との関係について簡単にではあるが触れている。(21) また菅江真澄も『月の出羽路（仙北十七）』（文政十二年）の中で専光寺の小町像について詳述している。そうして真澄は、「もともと近き世まで、小町の寿像《すがた》とはもともえしらで、奪衣婆《ウバイスガタ》木像とて人まゐりぬれば十王堂なンども営み建立《タテ》たりしが其堂は退転《コボレ》て、今は小野小町九十九歳の像といへり」と記しており、(22) 十王信仰・奪衣婆信仰と小野小町信仰が習合している実状を報告している。

なお旧専光寺には『出羽国仙北郡金沢駅珠宝山専光寺護法善神老嫗尊縁起』なるものがあったようで、錦は明治期以降作成されたものと見ている。そうして錦によれば「この縁起の独自の部分は、湯沢市の奥川原毛道場にあった奪衣婆の木像が、あるとき専光寺に運ばれ、小町九十歳の時彫った自像として祀られるようになったこと、それが霊夢によってであること、昔から乳を授ける霊仏として信仰されていること」の三点だという。(23) 錦の論では大日如来像に言及されていないが、安藤の『秋田縣案内』専光寺の項に記されていたこの像は、次項「由利本荘市・正乗寺」の縁起を見る上でポイントとなる。この点に留意しておきたい。

ともあれ気になるのは、小町自刻の像である。一体どのようなものなのであろうか。秋田県在住の仏師・斉藤雅幸氏のホームページデータによりながら見てみることにする。(24)

○小町像　桧材　座像　身丈一尺　総高さ一尺一寸　幅八寸七分

写真9　旧専光寺の小町自刻の像

写真10　厨子背面の銘

厨子　桧材　総高さ一尺七寸五分　扉高さ一尺四寸　外部黒漆塗り　内部総金箔重押し貼り

岩座　総彩色　厚さ基台一寸五分　高い部分約三寸

法量は以上の通りであるが、その厨子背面には次のような銘がある。

夫葬頭河姥厨子建立由来當寺世代勝蓮社緑誉上人貞厳和尚住職之時六郷村湯川氏當山参籠而奉拝此尊像寄《ママ》意之思頻回茲万民勧自他助力加成就者也

旨

宝永六巳丑年月日

法名　願栄妙誓信女

載誉宗運信士　願主ノ俗名ハ

覚誉寿慶信女　湯川吾郎右衛門

光玉智春信女

これらの記述から、六郷村の湯川吾郎右衛門が専光寺に参籠して小町像を拝み、霊威を感じて厨子を寄進したのは宝永六年（一七〇九）のことであり、当然のことながらその以前からこの像が存在していたのである。一方大日如来像は小町像の胎内仏にほかならず、小さな木箱には、「小野小町尊御腹守」と墨書されている。その大日如来像も斉藤仏師によれば桧造りのもので、総高二寸九分、幅一寸八分、厚さ八分といった小像である。専光寺を取り壊すという段になった時、湯沢市のある人が小町像を譲って欲しいと申し出たが、専光寺側はそれを断わって、親戚筋の釈迦堂光明寺に預けることにし、現在に至っている。錦の言うように、まさに「浮遊する小野小町」であり、その漂泊性は今でも変わることがない。

秋田市の誓願寺、横手市の旧専光寺の像ともに奪衣婆信仰（さらには姥神信仰）がベースにあり、それが小野小町像と見なされるに至ったのであり、その点は共通していた。さらには、霊夢（夢告）がそれぞれの縁起の主要なモチーフとなっており、ご利益も安産と乳授けと、信仰レベルでの類似点を多々見出すことができる。

三　由利本荘市・正乗寺の優婆明王

本節では、秋田県南由利本荘市の正乗寺（曹洞宗）に祀られている奪衣婆（姥神）に焦点を当てることにしたい。

正乗寺は貞観八年（八六六）の開基とされ、本堂前廊下天井板に描かれた昇龍図「鳴き龍」によってよく知られている。さらには子授け・安産祈願のご利益のある「藤崎の優婆様」を祀る寺院として親しまれ、多くの参詣者を仰いできた。昭和五十三年（一九七八）刊の『秋田のお寺』には、

　大正十年建造の楼門（山門）から境内に入ると諸堂のなかに十王堂が建つ。藤崎の優婆様として知られ、享保年間（一七一六～三六）九世良悟の代、唯心沙弥《しゃみ》と飽海郡袖浦の海中から霊仏大日如来を優婆明王の腹中に納めて堂宇を建立したもので、そのご利益にあずかり、今でも参詣者が多い

と記されている。[25] さて、その山門前に「旧本荘領三十三番観世音菩薩霊場・第十八番札所」と刻まれた石柱が建ち、石柱の背面には「諸人や　たえず詣での藤崎に　みちびき給え　むらさきの雲」と御詠歌が刻まれている。

山門をくぐると右手に鎮守堂、左手に奪衣館があり、さらに階段を上ると仁王門に行き当たり、本堂へと通ずる。先の『秋田のお寺』の記述と異なり、十王堂ではなく奪衣館に

写真11　正乗寺の奪衣館（上）と優婆明王（下）

「藤崎の優婆様」が祀られているのである。もちろん閻魔をはじめとする十王と千体地蔵も並置され、かつてはもう一体地蔵尊が祀られていたが、これは平成八年（一九九六）に本堂廊下の一画に移祠された。その経緯について「南無地蔵願王菩薩尊像遷座由来」には、次のように記されている。

　當山境内の優婆明王堂内に奉安されてあります地蔵様が二百年の眠りからさめて此の度本堂廊下に遷座されますが、平成七年の歳末御顔の半分が落ちかけてゐるのを不審に思い調べて見ましたところ「為両親菩提乃　矢嶌龍源十一世覚秀作　寛政元巳酉三月日」とあり、更に中央台座の裏側に「寛政元酉九月日　為両親菩提也　奉彫刻地蔵尊　龍源十一世覚秀敬刻」とあります。覚秀方丈は龍源寺様の中興の方ですので、龍源寺先住（廿壱世）土屋弘道老師に書翰を送りましたところ早速ご返事戴きました。覚秀方丈様の歿年は文政二年（一八一九）ですので、當山に奉安されたのは三十年程前になり、龍源寺所傳によれば、通称地蔵和尚と申される程地蔵信仰の篤い方であったとの事、尚、當時「由利の三傑」とて赤田の是山方丈（俗称閑居様）、西瀧沢出身の智仙庵主、覚秀方丈の三師が評価されていた由、先師（密禅老師）より聞かされておったとの事であります。此度護持会の御援助により遷座奉安されることになりました。御存知の如く、地蔵様は六道（地獄、餓鬼、畜生、修羅、人間、天上）の苦難を救護し給い、信心の善男善女を今世後世大安楽の御誓願の菩薩様で御座います。斯る由緒のある有難い地蔵様を共に御まつりして、永く後世に傳えたいと存ずる次第であります。

平成八年二月吉祥之日
當山守塔

これによって寛政元年（一七八九）に、両親の菩提を目的に、龍源寺十一世覚秀自らが彫刻し奉安されたことが知られる。ここではかつて十王堂、あるいは奪衣館に安置されていた地蔵が、寛政元年に造像されたものであることを確認しておきたい。またこの由来書によって、通称「藤崎の優婆様」が優婆明王と呼ばれ、また祀られているお堂の名称も優婆明王堂であることがわかる。しかし、昭和十二年（一九三七）に屋根瓦の葺き替えが行われたとされるこの堂には、現在「奪衣館」なる扁額が掲げられており、嶋田忠一によればその筆者は、正乗寺の本寺である永泉寺二九世喆俊であり、文政十二年（一八二九）二月に没した人物だという。[26]

さて、その奪衣館、優婆明王堂に入ると、祭檀中央に優婆明王ことといわゆる奪衣婆が半跏趺坐の恰好で身構え、右隣に閻魔、閻魔の前には獄卒がいて浄玻璃鏡、人頭杖等が置かれている。嶋田によれば、人頭杖の台底部に「文化五年」（一八〇八）、浄玻璃鏡の台底部には「享保十六年」（一七三一）の銘があるという。[27]また、これらの背後には千体地蔵が祀られ、左右に十王が配置されている。不思議なことに、祭檀には奪衣婆と閻魔王像がもう一体ずつある。かつて盗難にあったことがあり、その折複製を作ったようで、本物が再び見つかって戻って来たためか、複製品も処分せずに祭檀に置かれているのである。

なお、堂内には平成八年（一九九六）に奉納された二対の提灯のほか、カサボコ・スゲノオの

表5　正乗寺優婆明王堂（奪衣館）奉納主要絵馬一覧

番号	絵柄	奉納年	形状	銘文
1	ネズミの図	天保十一年（一八四〇）	板絵	羽劦秋田仙北雄勝郡水沢村　願主　伊藤喜十郎内　天保十一年七月吉祥日
2	子鳥の図	天保十一年（一八四〇）	板絵	奉納　出羽秋田仙北雄勝郡水沢村　伊藤喜十郎内　天保十一年
3	亀二匹の図	天保十一年（一八四〇）	板絵	奉掛　皆令満足　伊藤安吉　願主敬白　天保十一年旧七月吉祥日
4	子供の水遊びの図	元治元年（一八六四）	板絵	荘内酒田　青家□□　元治元年甲子八月吉日
5	同右	年代不詳	板絵	新田屋敬吉
6	子供三人像	同右	額絵	山形県　菅原豊吉
7	馬	明治十五年（一八八二）	板絵	羽後国由利郡杉森村之門沼　南部長作　明治捨五年□月吉祥日
8	同右	年代不詳	板絵	
9	翁と男女児	明治十五年（一八八二）	板絵	由利郡□□村　金イヨノ
10	御馳走を囲む翁嫗と婦人二人および子供	明治二十五年（一八九二）	板絵	奉納　雄勝郡　施主　小野村桑　太田正蔵敬白
11	俵に乗る大黒像	明治三十年（一八九七）	板絵	奉納　山形県羽前国東田川郡廣瀬村　大字富澤　渡部七之助　大字昼田　滝澤藤七　仝　板垣羽右衛門　明治三十年二月吉日

12	拝み絵馬	明治三十三年（一九〇〇）	板絵	奉納 山形県東田川郡横山村大字横□ 須藤清 須藤清太郎 大川新吉 明治卅三年吉日 梅新筆
13	同右	年代不詳	板絵	
14	武者の前にひざまづく稚児	同右	額絵	奉納 庄内遊佐郷福舛村 高橋小助 昇林筆
15	子を抱く母親像	同右	板絵	由利郡 伊藤善治妻
16	同右	同右	板絵	奉納
17	天女像	同右	板絵	奉納御宝前 願成就 本庄中町 小野氏
18	同右	同右	板絵	由利郡王米目代邑 小松アサノ
19	布製女性レリーフ像	年代不詳	絵馬	由利郡岩谷村三川 鈴木ちよ
20	女性像	同右	額絵	
21	文字のみ	大正十年（一九二一）	板絵	奉納 由利郡子吉村藤崎 工藤覚右衛門 當年八拾八歳 天保五年午年十二月生 専祈 家内安全 身体健固 大正拾辛酉年七月
22	子供の記念写真	昭和十六年（一九四一）	額絵	寄附 横浜市 岡村重勝 田岡村シゲコ 昭和十四年九月六日 重勝誕生百日目
23	同右	年代不詳	同右	
24	同右	同右	同右	

写真12　奪衣館内に吊られたカサボコ

類（写真12）多数が吊されており、内壁には絵馬や写真額がぎっしりと掲げられている（表5）。

ここに示した奉納絵馬・写真絵額二四点のほか、天保年間銘の髪の毛を括りつけたもの、明治天皇および大正天皇とその子供二人の絵額、海外の風景画が各一点ずつあったが、これらは割愛した。いずれにしても、絵馬が重なっていたり見えない部分も少なからずあって、不十分なものだがその概要は把握できる。

表5によって明らかなように、優婆明王堂特有の絵馬があって、それが通時代的に奉納され続けたというようなものはない。しかしながら、時代時代によって類似のものが数点ずつ奉納される、という傾向が見て取れる。天保年間奉納の三点は、いずれも小動物や小鳥を題材とする板絵であり、また、子供が水遊びする絵柄が元治年間奉納のものをはじめ三点ほどみられる。明治十年代には馬を画いたオーソドックスな板絵二点、そして翁と媼と子供を画いたものと続く。さらには拝み絵馬、子を抱く母親像、天女像と類似した絵柄のものが二、三点ずつ奉納されている。昭和に入ると子供の成長過程を撮影した写真絵額が、百か日や初誕生のお祝いに際して奉納されるようになる。奉納者銘から、地元の由利郡を中心に雄勝郡等秋田県南部と飽海郡等山形県北西

部が信仰圏であることが見て取れる。奉納目的は、子授け・安産・子育て、および家内安全・身体堅固といったものであるが、明示されているものはそう多くはない。

秋田県南部地方のみならず、遊佐郡や酒田市といった山形県北西部にまで信仰圏が及んでいることが一つの特徴といえるが、それはどうも正乗寺の縁起とかかわるように思われる。

次に同寺に伝わる縁起を見ることにする。

正乗寺には、文化十三年（一八一六）の奥付を持つ『羽州由利郡本庄藤崎邑金峰山正乗禅寺十王明尊優婆明王伝記』（以下『伝記』と略記）、および『明治五年堂宇葺替勧化帳』（以下『略縁起』と略記）、さらに昭和十二年（一九三七）の『大慈大悲優婆明王の御縁起』（以下『略伝』と略記）この三点の縁起類がある。それぞれの内容と相互の関連性については既に嶋田が分析を加えており、[28] 嶋田説を繰り返すことになるが、新たな発見もあり、筆者なりに分析を加えることにしたい。先ず三つの縁起を紹介しつつ、若干のコメントを加える。

(A)『羽州由利郡本庄藤崎邑金峰山正乗禅寺十王明尊優婆明王伝記』（『伝記』）

抑当山の由来をおよそ伝へをかたる寺開発の年暦千歳におよべるとかや誠に森々たる杉林の中に仏法応化の霊地にして則金峰山蔵王権現の流れを吸（ママ）んで山を金峰山とごうす本尊は薬師如来弘法大師の御作にして時々光明の光り感応多きに依て紫の雲常にたなびき諸人奇瑞の思ひをなし依て山内の鎮守堂に安置奉る也[a]此の御堂に安座ましますは都六角堂の守護大慈大

悲観世音菩薩霊けんあらたなり又此御仏を頼礼拝供養し子なき人は繁昌をそ祈りけれは則福徳智恵の男をうまんたとひ女をもとめんとほつせば瑞正有相の女をうまんむかし徳本をうへて衆人に愛敬せらるるもし衆生ありて此菩薩を恭敬礼拝せば是故に名号を受持すべし今本尊を釈迦如来并大聖文殊菩薩大行普賢菩薩の三尊を安置し供養奉る者也去老人の伝へを聞くニ[b]則此の十王尊并優婆明王共祖作は未夕さだかならず唯霊現あらたなる事かぞおるにいとまなく皆世間の人の知る所なり抑々此の尊像の由来を説くはひとむかし唯心坊と云禅門あり当山のつり鐘為建立の諸国を廻り此の羽州袖の浦と云へる所に歩行し兼て十王尊を建立せんと志願有りと云共世を貧く暮せし僧に依て月日を重むなしうせし処おりから此の十王尊此の浜に立並有りし故に人をまねひて是を尋語りて云有る日海中より上りけると云く唯心志願の因縁也来りと経羅尼を真読奉り礼拝をし諸人に申てもうさく此の仏像我れにたまわれかしと云く諸人和順をとけてまいらせんと云諸人気毒の思ひをなし則唯心にたまわり難有礼拝しせなにおひ亀田御領に先安座して伸供養を日増霊光霊現に依て急き当山におひはこび安置し礼拝供敬し今文化十三子年にいたつて八十年余におよべるとかや増して近年霊現奇瑞多きに依て近国近辺の男女老若つへをはこび一度拝し百度を祈り又は一夜を明しもうでの人たへると云事なし有る夜近辺の暦々方志願に依て一夜を明しけるおりから[c]歳八十余におよひけると見へたる老女一人来りいづれ方も気毒の心さしなる哉吾れ霊現功徳の歌をおしえまいらせんとすなわちいしうをさつけたまい此歌をとのおる時は霊現あらたにして大願成就せしむるものなり

依て所々に弘め謹てとのうべしと云々真心のともから礼拝供養すべし右結縁のため御戸を開き拝せしむる者也

諸人や　たへずもうでの　藤崎に
道引たまへ　紫の雲

土州高知之産
哲継宗謹書
文化十三子六月吉日

これによって、子授けに霊験あらたかなのは鎮守堂に安置されている観音菩薩にほかならないことが知られる（傍線ａ）。また、十王尊と優婆明王は並祀されており、その霊験はあまねく知られていると書かれているものの（傍線ｂ）、十王尊についてのみ説明がなされている。すなわち、①唯心坊は釣鐘と十王尊の建立を志して行脚を重ね、袖の浦の海中から引き上げられた十王尊を譲り受け、後者の念願を果たしたこと、②それは文化十三年より八〇余年以前のことで、③近年老若男女がお籠りによって大願成就を祈ると効験ありと信じられていること、以上である。ただし、最後になって、優婆明王らしき齢八十余の老女が現われ（傍線ｃ）、お籠り中の人々に霊験功徳の歌を一首授けている。その歌が、先に紹介した、旧本荘領三十三番観世音霊場・第十八番札所の御詠歌にほかならない。ちなみに、文化十三年より八〇年余り前というと、浄玻璃鏡の銘、享保十六年（一七三一）頃に合致するが、覚秀の地蔵奉納は寛政元年（一七八九）であり、地蔵と十王・優婆明王との関連は縁起からは窺い知ることができない。

(B)『明治五年堂宇葺替勧化帳』(『略縁起』)

夫羽後国由利郡本荘子吉郷藤崎村」正乗寺ニ安置シ奉る」霊姥尊像ハ往昔より霊験あらたなるに依て諸人歩みをはこぶ所」然るに当寺九世良悟和尚代寛政」年中弟子唯心と云ひし僧」鐘楼堂なき事を歎き建立の為」諸国へ廻り勧財を寄るの砌有所ニて」大仏師春日雲慶の作金剛界大日の」尊像海中より出現を貰請守護致シ」釣鐘志願の本意遂るの後当山」本堂江安置奉るの処有る夜を」□□暦之為志願一夜を明し」誠心を込メ祈念の折柄何方より共」なく[a]八十有余の老女現れ丹誠無」二の心をほめ和歌一首を教へ我ハ是」唯心持参の像と一体分身なり別所ニ置くハよろしからず住僧に告ケ」早く我腹中江納むへし然る時ハ」汝か願望速ニ成就の上諸人の諸」願も猶更利益あらん必ず」うたかふ事なかれ一見大日尊」即滅無量罪現世大安楽後生華」蔵界と唱へかき消す如く失玉ふ是ニ」依テ願主も信心肝に銘し翌朝」霊告の伋住僧江語る和尚も随喜の」感涙にむせひ其文ハ十日経の説我も」亦此夜同様の夢を見しハ全く」霊夢ニてありしかと急キ[b]仏師を」頼み腹内江納奉り本迹同和の後」流行疫病災難除等ハ勿論五穀」成就の祈り別て子無き人ハ男女の」子を求め安産を祈るに月の水に」影を移すか如く其しるし明らかなる事ハ諸人の知ル処其外信心の」深き浅きによりてハ所々ニ御身を」あらわし玉ふとなむ然るに」斯る霊像安置の堂舎も年月を」経当時十七世実源和尚代文政」

年中荘内産一丈長老願主ニて」建立の処大破ニ及ひ寺旦のちから」のみニてハ寺内の堂塔大坊殿」微力ニ行届兼他力を頼みに繕ひ」参らせ度幸ひ此度助力長老も」羽前より参り合セ相廻し候間各」様方信心の志」を起し物の多」少ニ拘わらす御寄進あらは永代勧化帳江記し朝夕勤行の節」各々先祖代々亡念の追福別して」現世諸難消滅家門繁昌後生」成仏の祈願無怠慢可仕間一同」御助成の雲集希ふ者也

明治五壬申年九月

金峰山正乗禅寺

本願主　十九世当住

大恕和南敬白

羽前国村山郡山形県

寒河江村高林寺弟子

助力発起　徳忍長老

葛法村

同寺　阿部金右衛門

旦頭　薬師堂村
富樫誠一郎
藤崎村
世話人　工藤円兵衛
田口藤兵衛㊞
今野助左衛門㊞

この『略縁起』になると、もっぱら姥尊像のことのみが記され、地蔵はもちろんのこと、十王も全く登場しない。そうして、唯心坊の事は正乗寺九世良悟和尚の寛政期のこととされ、海中出現の像を譲り受けて持ち帰った仏は、『伝記』と異なり何故か大日如来となっている。その後、『伝記』最後の部分と重なるように八十余歳の老婆が現われ、大日如来と一体分身の間柄ゆえ胎内に納めよと住僧に告げた（傍線ａ）。この霊夢に沿って、仏師に依頼して大日如来を胎内に納めて以降、姥尊は流行疫病災難除け、五穀豊穣のほか、特に子授け、安産祈願に霊験が認められたという（傍線ｂ）。なお、ここで注目されるのは、姥尊と胎内仏大日如来とのかかわりである。この種の縁起は先に紹介した横手市旧専光寺の小町像（姥尊像）にも伴っており、すこぶる類型的であるが、『略縁起』のまとめられたのが明治五年であるのに対して、旧専光寺のそれが宝永六年（一七〇九）の厨子制作年代よりはるか以前に造像されている点に留意しておきたい。

(c)『大慈大悲優婆明王の御縁起』(『略伝』)

藤崎の優婆さまで知られている正乗寺の優婆明王は人皇百十四代、中御門天皇のころ、即ち享保年間に勧進したものと伝えられています。正乗寺の第九世大秋良悟大和尚の宝暦年間に越後の人で月山唯心沙弥という雲水が当寺に梵鐘のないのを歎き、これが建立を発願し諸国行脚、信施を募る。このとき山形県の飽海郡袖が浦村字宮浦を通る際たまたま海中に光明を発見、土地の漁師を招き網を曳いたところ、その網に霊仏一体が掬い上げられた。これが金剛界大日如来の尊像でした。これこそ人皇第八十三代土御門天皇の御代鎌倉仏師の祖と仰がれた大仏師、備中法印春日運慶の作と伝えられる金剛界大日如来、唯心はこの尊堂《ママ》の授かりに随喜、旅を修めて師院に帰り経陀羅尼を真読礼拝供養、朝暮の区別なく勤行に努めました。或る夜四壁一電の光明、恰も真昼の様でした。唯心はこの不思議な現象に襟を正し瑞座しました。すると、こつ然八十有余歳の老姥現われて唯心の信仰を讃え「汝の恒に護るところの大日尊像こそわれと同体の分身なり故に別処に置くべからず、早速わか腹中に納むべし、しかる時は汝の願望速かに成就し諸人の願望なお更利益あらん、一見大日尊即滅無量罪現世大安楽後生華蔵界」と唱え煙りのように消えました。翌朝唯心はこのことを師の良悟和尚に話すると良悟和尚も同じ夢を見たと申します。師弟相談の上、赤田村の仏師を頼みこの大日尊像を優婆明王の腹中に安置しました。霊験まさにあらたか子授けを願うものに子を授け、妊娠女には安産を、母乳不足の者に対しては乳を与えてくれました。正乗の優婆さまはこうして世人信仰のまととなったのです。

ここでは、唯心坊のことが『伝記』あるいは『略縁起』の寛政期（一七八九～一八〇一）と異なり、宝暦年間（一七五一～六四）であるとし、優婆明王の勧請は享保年間（一七一六～三六）とされているが、老婆の夢告に沿って、大日如来を胎内に納めた所、子授け、安産祈願に霊験を示した、という点は『略縁起』と同様である。ただし、霊験が子授け、安産祈願に特化されていること、縁起の内容は簡潔明瞭になっている点に特徴を見出すことができる。これら三者に分析を加えた嶋田は、「以上を勘案するに、必ずしも首尾一貫した筋を辿れるわけではないが、『伝記』を底本として、それ以後の口伝を綯い充ぜて成立してきたものと理解される」との見解を下している。(29)嶋田の指摘する通りと思われるが、「口伝を綯い充ぜ云々」の部分と関連して、ここでは、旧専光寺の小町像の胎内仏（大日如来）に象徴されるように、小町伝説が正乗寺の縁起（「略縁起」「略伝」）の成立に少なからぬ影響を与えた点を強調しておきたい。正乗寺の縁起類に齢八十余の老婆の夢告が一つのモチーフとなっていることは再三触れた。なお、小町の歌に「夢」を詠んだものが多いことと関連して、「小町伝説は夢とつよく結びついている」という錦の説も筆者の見(30)解の一つの証左となろう。また、秋田県雄勝地方の小町伝説に分析を加えた大島は、「旧小野村の小町伝説は、平安時代の小町の伝記として、そのまま認められるわけではない。その伝説の大部分は、覚厳院などの修験によって説きたてられ、江戸時代の文人によってもてはやされ、よう

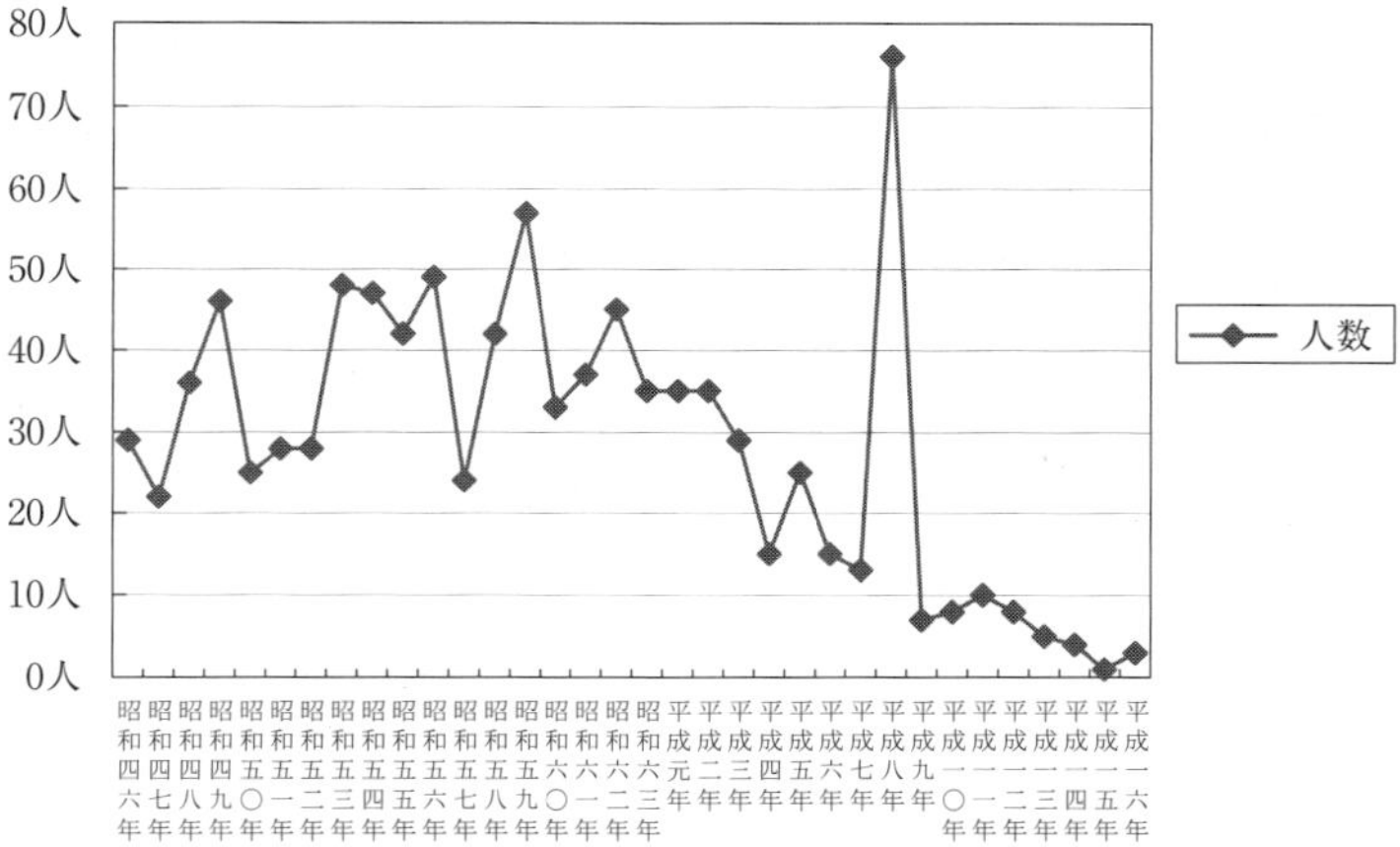

図４　正乗寺優婆明王堂（奪衣館）参拝者数の推移

やく世間にひろまったものであろう。そのため、嫗が窟や姨石など、姥神の信仰にもとづくものを、小町の事蹟と結びつけたと考えられる」と述べている。[31] 大島は、雄勝地方の姥神信仰が、近世の天台系修験・覚厳院によって小町伝説へと作り変えられ、文人を経由して広く流布したと考えているのである。

最後に、優婆明王堂の祭壇の前に置かれている、二冊の『優婆明王　参詣者名簿』に言及することにしたい。これは参詣に際して、住所・氏名・年齢、祈願内容を記すものである。古い方の一冊は、昭和四十六年（一九七一）から平成十六年（二〇〇四）までのもので、新しい方の一冊はそれ以降の参詣者用のもののようだが、残念ながら参詣年月が記されていない。そこで年号の記されたものとしては最も新しい、平成十六年を基点に一〇年ごとに遡って、平成六年（一九九四）、昭和五十

表6　正乗院優婆明王堂（奪衣館）参拝状況

	祈願内容・地域・年齢	昭和四十九年（一九七四）	昭和五十九年（一九八四）	平成六年（一九九四）	平成十一年（一九九九）	平成十六年（二〇〇四）
祈願内容	子授け	〇件	四件	三件	二件	一件
	安産	六件	二件	〇件	〇件	〇件
	子授け・安産御礼	〇件	〇件	〇件	〇件	〇件
	身体健固・病気平癒	二七件	三件	一件	〇件	〇件
	家内安全	四件	二九件	〇件	〇件	〇件
	合格祈願	〇件	〇件	二件	〇件	〇件
	合格御礼	〇件	〇件	一件	〇件	〇件
	不明	二件	八件	三件	三件	一件
	合計	三九件	四六件	一〇件	五件	二件
地域	旧本荘市および由利郡	四人	一九人	六人	〇人	〇人
	秋田県内	五人	一三人	五人	〇人	〇人
	酒田市	一五人	一六人	四人	六人	二人
	山形県内	一五人	二人	〇人	四人	一人
	その他	一人（鎌倉）	三人 大宮（一）京都（二）	〇人	〇人	〇人
	不明	六人	四人	〇人	〇人	〇人
	合計	四六人	五七人	一五人	一〇人	三人

性別年齢					
十歳未満	女四人 男二人	女一人 男二人	女二人 男〇人	女〇人 男〇人	女〇人 男〇人
十代	〇人 一人	〇人 〇人	三人 〇人	〇人 〇人	〇人 〇人
二十代	九人 三人	四人 六人	二人 〇人	〇人 〇人	〇人 〇人
三十代	二人 一人	四人 三人	〇人 三人	〇人 〇人	〇人 〇人
四十代	一人 〇人	〇人 〇人	一人 〇人	〇人 〇人	〇人 〇人
五十代	五人 一人	〇人 〇人	〇人 一人	〇人 〇人	〇人 〇人
六十代	七人 二人	〇人 四人	〇人 〇人	〇人 〇人	〇人 〇人
七十歳以上	二人 一人	四人 二人	一人 〇人	〇人 〇人	〇人 〇人
不明	三人 二人	六人 二〇人	一人 一人	五人 五人	二人 一人
合計	四六人	男女不明一人 五七人	一五人	一〇人	三人

九年（一九八四）、昭和四十九年（一九七四）のものをピックアップし、祈願内容、参詣者の居住地域、男女別年齢別に整理したのが表6である。この間の参詣者の推移は図4に示した通りであるが、平成十六年が三人と少ないため、五年前の平成十一年（一九九九）のデータも見ることにした。

家族や親子連れの場合、祈願内容が同一の場合もあり、参詣者数については一人一人データを整理したが、祈願内容については一括してカウントしたため、両者の間には数字的に齟齬がある。先ず参詣者数を見ると、二十代、三十代の男女と五十代以上、特に六十代、七十代の年齢層が男女ともに多いことがわかる。昭和五十九年の場合、山形県の酒田市から男性を中心とする団体が「家内安全」を祈願目的として訪れたために特異な数字を示しているものの、その年を除けば男女の参詣者数は拮抗している。住職によれば、明治から大正期が最盛期で、露店も出て賑わったという。昭和の後期から平成の初期にかけてはそれなりの参詣者が見られるものの、その後の目減りが著しい。平成八年には檀家の婦人層を中心に、提灯を二対とカサボコを奉納し、この時は多くの参詣を見たが、減少傾向に歯止めはかからなかった。しかし、少ないながらも子授け・子育て祈願に訪れる熱心な信者がいることは確かである。

ところで祈願内容は、子授けと安産祈願はいうまでもないものの、身体堅固・病気平癒や家内安全の類が多い。ちなみに身体堅固の祈願に関していえば、高齢者層に多いことはもちろんであるが、子を授かった両親と子供、あるいは父子・母子がお礼参りに訪れ、それとともに子供の成長を祈願するというものも少なくない。十代未満の男女の参詣者の多くは、それに相当する。

一方参詣者の居住地を見ると、地元の旧本荘市域や由利郡象潟町、西目町などのほか、秋田県内では秋田市、大曲市、横手市や、平鹿郡平鹿町、十文字町、雄勝郡雄勝町等々である。正乗寺の立地および縁起との関係で山形方面からの参詣者も多く、酒田市のほか飽海郡遊佐町、平田町、最上郡真室川あたりから来る人が多い。その他遠方では大宮市、鎌倉市、京都市からといった例も少いながら見られる。おそらくこの辺の出郷者達が訪れて来るのだろう。近世から近代にかけて奉納された絵馬類によって知られる範囲よりも、秋田県の北部と東南部へ、山形県北西部から北東部の最上郡方面へ、と信仰圏にやや広がりを見せたことがわかる。

今日では八月十四日を縁日として、近隣の檀家の婦人達が集まってお祀りしているとのことである。

結びにかえて

柳田および鎌田は、日本の奪衣婆信仰は姥神信仰をベースとして多様な展開を遂げたと見ていた。それに対して近年川村は、「洗う女」としての中世的産婆を媒介として、中国風から和風の奪衣婆となり、さらに姥神信仰が複合して今日に至った、との見解を示した。しかしながら、川村の想定した中世的産婆の存在を確認することが難しいことから、小稿では先学による経典、絵画資料、彫像、文献史料に関する研究を踏まえながら、奪衣婆信仰の歴史的展開を整理し、その上で秋田県下をフィールドとして奪衣婆信仰の実態に分析を加えた。

経典の上では『預修十王生七経』に基づいて平安末期に偽経としての『発心因縁十王経』が成立し、二七日の初江王の場面に三途河嫗（奪衣婆）が登場するに至った。いずれにしても鎌倉期以降、この『発心因縁十王経』に基づいてさまざまな絵画が描かれ、彫像もつくられ、また文献にもしばしば記載されながら庶民層に浸透していった。絵画資料の中には、初七日の秦広王とのかかわりで奪衣婆が描かれているものもあり、それが何を典拠としているかは不明である。あるいは石破が説くように、もう一つ別の経典が存在していたのかもしれないが、中野は「わが国では両者は（初七日秦広王、二七日初江王のこと＝筆者註）冥界に入る前の情景であると理解されていたために、第一秦広王の場面に置かれたと考えられる」としている。(32) しかし中世の文献を見る限り、初江王との関連が強く、何故絵画に限ってこうなったのか説明が必要である。いずれにしてもこれらの確認は今後の課題である。

なお、奪衣婆は十王や地蔵とセットで造像されたり描かれているが、今日広く流布している半跏趺坐の姿態に定着するのは、室町中期を転機としてそれ以降のことである。それまでは立像のもの、正坐像のものも存在した。半跏趺坐はかつての女性の一般的な坐り方だったとされているが、高達奈緒美は、女人救済を説く血盆経とともに広まった如意輪観音信仰の影響を想定している。(33) この高達説の検証も今後の課題である。

以上の研究史を踏まえて秋田県下をフィールドとし、姥神さらには小野小町信仰と習合した奪衣婆信仰の実態把握に努めた。秋田県の寺院や小堂には「小町百一歳の像」、「小町九十歳の像」なるものがあって、子授け・安産・乳授け等の信仰対象となっていた。いずれも半跏趺坐像で恐ろしげな形相をしており、「小町婆《ばば》さん」などと呼ばれる奪衣婆にほかならない。秋田市・誓願寺、横手市・旧専光寺の像とともに奪衣婆（姥神）信仰が元にあり、それが小町と見なされるに至った、という共通点が認められた。秋田県下には地獄極楽図が各地の寺院に伝えられ、絵解きも盛んに行われていたようで、十王信仰、奪衣婆信仰が盛んな宗教的背景があった。一方、小野小町が雄勝郡の旧小野村出身で、年老いて京都から故郷へ戻ったという伝承を足がかりとして、豊かな小町伝承が育まれていたが、この両者がドッキングしたのである。

誓願寺、旧専光寺とも霊夢が寺社縁起の重要なモチーフとなっており、それは小町信仰の特徴が如実に表われているものだった。なお、旧専光寺の小町像・姥像には、胎内仏としての大日如来像が伴っており、それとの関連で由利本荘市・正乗寺の縁起の作成過程を見ると、きわめて興味深いものだった。正乗寺には、文化十三年の『伝記』、明治五年の『略縁起』、そして昭和二年作成の『略伝』と三種存在するが、それらを比較することにより、元々の十王信仰が、姥神信仰をベースとした奪衣婆信仰となり、さらに小町信仰を取り込むことにより、今日の信仰が形成されてきたプロセスを確認することができるのである。

ちなみに近畿地方にも小町老残の像が少なからずあり、中には奪衣婆と見なされているものもある。これらについては、宮原彩・田中久夫らの論稿があることを付記しておく。(34)

Ⅳ　おんば（御姥）様と奪衣婆についての予備的考察
――会津地方を事例として――

はじめに

閻魔との関係で奪衣婆信仰を調べ始めた当初は、仏教的な奪衣婆信仰の展開についてのみ分析対象とする筈であったが、いつしか姥神信仰の世界に入り込み、底無し沼の中でもがいているというのが現状である。

思い返せば姥神とは因縁浅からぬものがある。既に四半世紀前のことになるが、国立歴史民俗博物館の民俗展示準備のため、山神（河童、山姥・姥神等を含む）を求めて東奔西走したことがある。その甲斐あってか、二〇体余りの複製を作ることができ、二〇一〇年まで同館第四展示室に飾られていた。その準備の過程で辛酸を味わったのが、会津地方のおんば様（御姥様）の複製作成に際してであった。最初の交渉先は個人所蔵のものであったが「うちのものなんかでは……」と、遠慮されたのかあっさり断わられてしまった。次は、区長をはじめ重立《おもだち》らから了承を得ていたものの、後の会合で老婆達から「そんなこと（複製の作成＝筆者注）をして、罰が当たったらどうする。責任をとってくれるのか」と詰め寄られ、区長らは当然それには返答も出来ず、「約束は反故に」と連絡が入ってあきらめたことがある。それが本章で取り上げる、猪苗代町関脇のおんば様にほかならない。さらには、複製完成間際に、地元内部の軋轢から破却を余儀なくされたこともあり、何とか旧山都町藤原地区との交渉で承諾を得て、作成にこぎつけ責を全うすることができた。冷汗ものであったが信仰の篤さ、民俗的社会の有様を垣間見る思いであった。

ここでは、奪衣婆信仰研究の前提として、猪苗代町を中心に会津地方のおんば様信仰について報告することにしたい。

一　会津地方におけるおんば様信仰

会津地方のおんば様信仰研究に先鞭をつけたのは、山口弥一郎の「おんば様と姥神・修験道と如意輪観音の民間信仰の問題」である。修験道入峰山道に沿って姥神が数多く祀られ、平野にあるものについても、「何々おろし（例、吾妻修験おろしの姥神＝筆者注）」などと伝承されていることから、修験の徒の関与による信仰との論を展開した。他方では、姥神と如意輪観音との像容の類似性と、産神・女性信仰の対象という共通性から、如意輪観音信仰の影響を読み取っている。(1)ただし、前者の見解と後者のそれとがどう結びつくかについては何ら言及していない。ちなみに

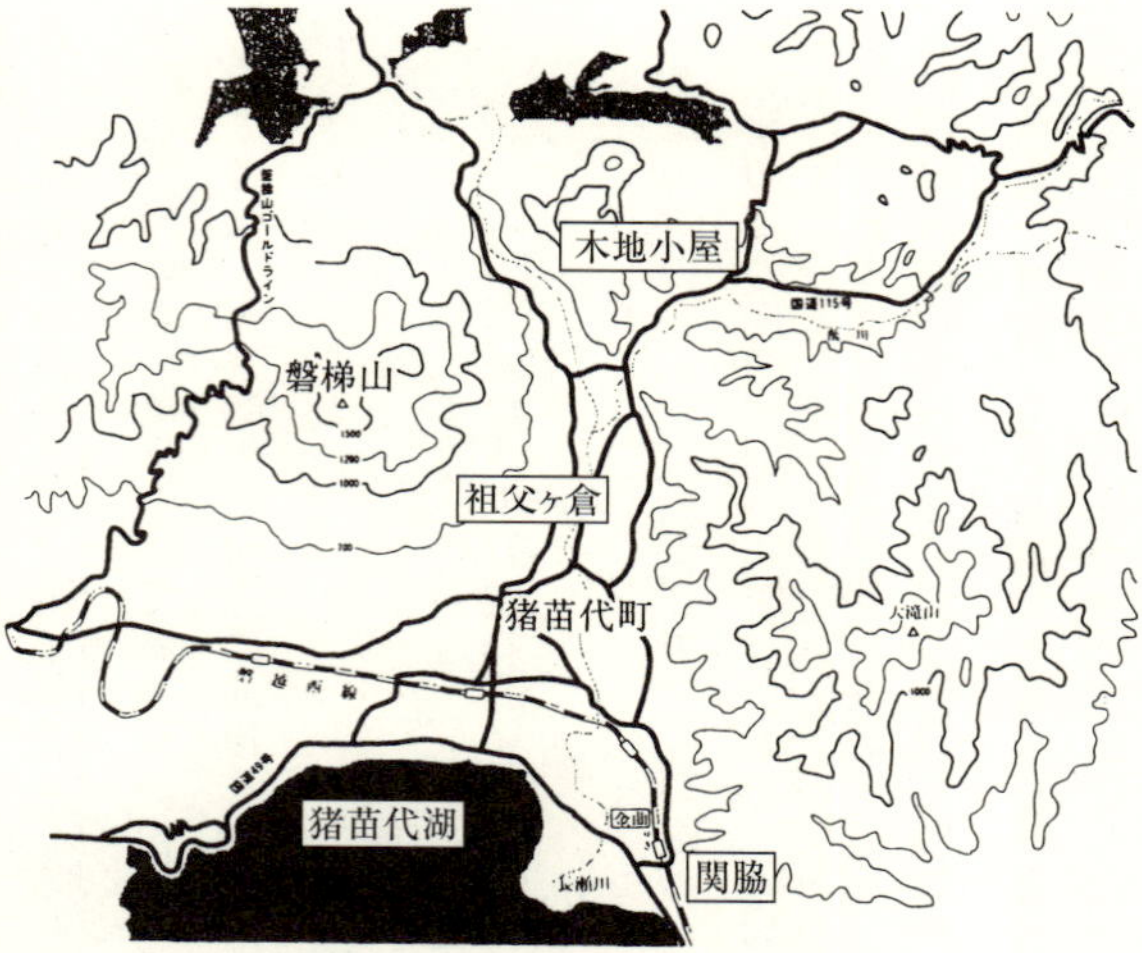

図５　猪苗代町のおんば様報告関連地域略図

後者に関連して高達奈緒美は、山口説を支持する形で、「血の池地獄の救済者としての如意輪観音信仰がある程度広まったのち、姥神・奪衣婆と如意輪観音は、重ね合っていったのである」との見解を示している。[2] また佐治靖は、姥石伝説に注目しながら山姥・姥神像を修行者としての女性のイメージとだぶらせつつ、この種の信仰に修験の徒が関与したとして、山口同様の見方をしている。[3]

　これらに対して、個別事例研究では、橋本武が猪苗代町関脇・堀切（伯父倉）・木地小屋のおんば様信仰に言及しており、[4] 筆者もこの三地域の調査を試みた。会津地方に広く見られるおんば様信仰の中でも、猪苗代町が中心と位置づけられているようで、とりわけ関脇のおんば様が注目を集めてきた。そのため『福島県の祭り・行事』にも取り上げられている。[5]

　一方、石仏研究の立場から姥神信仰の全国的把握を試みようとしているのが田中英雄である。

田中は、橋の側、山麓や山の中腹に単体で祀られる豊満な半跏趺坐像を姥神とした上で、会津地方の姥神に関する橋姫・子授け・姉妹神としての伝承に分析を加えている。「石仏の像容分類において、姥神という名称は認められていない」として慎重な姿勢をとりつつも、これらは全て姥神から変化したものと見ている。そうして、「奪衣婆との関係や山岳における女人結界、同じ山岳に多い姥石との関連、立山姥堂にみられるような女人救済、あるいは子育てなどの女性にかかわる信仰、姥神の像容とルーツ、姥神石造の建立年代など、姥神を考える上でいずれも重要な課題である」と主張している(6)。姥神については鎌田久子

表7　猪苗代町におけるおんば様所在一覧　石田（注9）による

番号	名称	所在地	所有者等	形状分類	信仰分類	材質
1	姥神	耶麻郡猪苗代町旭町	安穏寺	奪衣婆	奪衣婆	木像
2	姥神	耶麻郡猪苗代町下館	円福寺	奪衣婆	安産	木像
3	優婆夷霊	耶麻郡猪苗代町関郡	関脇区	奪衣婆	安産	石像
4	姥神	耶麻郡猪苗代町議場		奪衣婆	安産	石像
5	橋姫神社	耶麻郡猪苗代町金曲	金曲区	奪衣婆	安産	石像
6	姥神	耶麻郡猪苗代町山潟	山潟区	奪衣婆	安産	石像
7	姥神	耶麻郡猪苗代町山潟	山潟区	奪衣婆	安産	石像
8	姥神	耶麻郡猪苗代町山潟	山潟区	奪衣婆	安産	石像
9	橋姫神社	耶麻郡猪苗代町酸川野	若宮八幡社	小祠	安産	
10	優婆塞夷	耶麻郡猪苗代町大原	大原区	奪衣婆	安産	石像
11	姥神	耶麻郡猪苗代町田茂沢	田茂沢区	奪衣婆	安産	
12	姥神	耶麻郡猪苗代町入江		奪衣婆	安産	
13	姥神	耶麻郡猪苗代町伯父ヶ倉	伯父ヶ倉	奪衣婆	安産	石像
14	姥神	耶麻郡猪苗代町木地小屋	木地小屋	奪衣婆	安産	石像
15	橋姫神社	耶麻郡猪苗代町木地小屋	前田家	奪衣婆	橋守	

のがある。

の先駆的業績があり、(7) そこに示された課題と重なる部分もあるが、田中の主張には首肯できるも

地元の研究者である石田明夫は、田中の指摘に沿う形で会津地方の七一躰のおんば様について悉皆調査を行い、分析・整理を試みた。それが『おんば様〜安産・極楽浄土・橋守、知られざる信仰』なる著書である。(8) 分析にはやや荒削りな部分も認められるが、多くの示唆を与えてくれる。仏教の十王信仰、修験道信仰、神社信仰が複雑にからみながら今日の多様な信仰形態を見るに至った、というのがその論旨である。また石田によれば、形状では奪衣婆型（所謂半跏趺坐型＝筆者注）が全体の七一パーセント、小祠型が二八パーセント、信仰内容から見ると、安産祈願四二パーセント、浄土（極楽往生祈願＝筆者注）一一パーセント、結界（の信仰と結びついたもの）一一パーセント、橋守七パーセント、その他二八パーセントだという。猪苗代町には表7のように一五体祀られているが、このうち三か所を取り上げて報告したい。

二　猪苗代町関脇のおんば様

関脇のおんば様の正式名称は優婆夷尊と称するが、優婆夷堂中央に本尊（石像）が祀られ、その脇士として閻魔と地蔵が安置されている。これらも石像で十王信仰を髣髴させる。しかしながら六臂聖観音・如意輪観音・馬頭観音と子安観音が並祀されている。これらも石像にほかならな

いが、子安観音以外の三体は元は木像のもので、およそ三〇年前に盗難に会ったため、やむをえず石像のものを造り直したという。優婆夷堂そのものは大正十三年（一九二四）に再建したもので、それまでの建物は、「掘立小屋に近いものであった」という。ちなみに、今日活字化され参詣者等に配布される縁起の内容は、次のようなものである。

関脇優婆夷尊由来記

優婆夷尊は往昔、岩館山の城主関参河守、中年に至るも嗣子がないので鎮守の神麓山《はやま》神社に祈願せられ懐胎されたが月満ちて御産に臨まれ陣痛七日七夜に及ばれたが生れず、祈願を込めていた処、忽然と老媼《ろうば》が現れ、呪文を称え腹を撫でさすられました。その功徳現実となって無事男子を安産されたので早速御姿を描き枕頭に祀り産後の安穏を祈られた。いつか此の事が世上に広まり参詣する人々が日増に多くなったので参河守の子藤原重郷は安産守護の菩提の道を行じようと、敷地を武士坂の多留良の池の傍に拓き、茅舎《ほこら》を建て御像を祀られました。其の後今から弐百八拾弐年前皇紀弐阡参百七拾壱年に当る宝永七年八月（寅の歳）現在地に改建された。尚優婆夷尊本堂に安置する本尊姥神の側らに馬頭観音、如意輪観音、聖観音の三観音様が同祀されています。

いなわしろ三十三観音札所（十一番）

安置仏…如意輪観世音

御詠歌…父母の恵は深し菱川の流れ絶えせぬ後の世までも

福島県耶麻郡猪苗代町大字関都字関脇
関脇優婆夷尊

各研究者が紹介して来たものに比べてだいぶ簡略化されているが、その分わかりやすい。嗣子がいない岩館山城主関参河守夫妻が麓山神《はやま》に祈願し子を授かったものの、難産であった。危機的状況に際して老媼が出現し、そのお蔭で無事出産した。以後夫妻はその御影を祀るに至り、やがてその子が多留良の池のほとりに茅舎を建てて祀った、というものである。現在の優婆夷堂は先に触れたように大正期建立にかかるものであるが、御堂の傍に「優婆夷堂碑」なる大正十四年銘の大きな石碑があって、その銘文の概要は以下の通りである。

冒頭では、岩館山城主関三河守夫婦とその子の出産、そして子の重郷が多留良橋畔に優婆夷尊の石像を祀ったことが記されている。ここまでは先の縁起の通りであるが、それ以後は優婆夷堂の歴史的経緯について具体的な年代を示しながら記されており、大変興味深い。それをたどってみると、

○宝永七年（一七一〇）に里人がお堂を修理した。
○享保十七年（一七三二）、二間四方の御堂を建立し新たに優婆夷尊を造像するとともに、閻魔と地蔵を合わせて開眼供養を行った。
○嘉永元年（一八四八）に山崩れのため御堂が崩壊、修復した。
○明治三十二年（一八九九）、岩越鉄道の開通により参詣者が急増。そのため大正十一年（一

九二二）に新築を村民で決議し、同十三年に竣工した。

であるが、なお、『猪苗代町史・民俗編』によれば現在の優婆夷尊像に「享保十七年八月二十四日関脇女中」なる銘があるとのことであり、[9]石碑の記載内容と符合する。

　ところでこの御堂は関脇地区で管理しており、総戸数四八、原則として一戸一人六十五歳以上の人が堂守として奉仕している。毎日交替で男性一名、女性二名の計三人が朝集まり、男性が太夫役をつとめ、女性が和讃を唱え、お勤めをする。もし参詣者があれば、それに対応するのも当番のこのメンバーにほかならない。毎月一日に予定表を渡し、当番を確認するのを習わしとしており、毎月十六日が縁日となっている。中でも九月十六日が一番賑やかとのことであり、今日でも多い時には七、八組の夫婦が祈願に来るという。この日は堂守も全員が駆り出され、ちなみに二〇〇七年に筆者が訪れた時は一三名が奉仕していた。このように全員集まった時に、お守りや腹帯の類を準備するとのことである。腹帯は晒一反で二組でき、この年の九月十六日には女性達が四組作成した。それにハンを押しておき、希望者に渡すが、今日では病院側で用意するケースが多く、あまりはけないという。病院の中には腹帯は不要と指示するとこ

写真13　関脇のおんば様掛軸

ろもあるとのことである。

参詣者は会津地方を中心に県内各地、および山形・宮城・茨城方面から訪れ、中には東京や海外（但し親が代参）から参詣するケースもあるそうである。特に年寄りがいる家では、彼女等の薦めでやって来ることが多いものの、全体的に減少傾向は否めない。五か月目の腹帯をする時分に参詣する人もいれば、明日、あさってに出産日を控えてやって来る人もいるとのことである。御堂側では、参詣時に記帳してもらい、毎朝祈祷しているので、早い段階に参詣すればそれだけ安産になると説明している。最近では結婚後一〇年前後経っても子が授からないという人達が子授け祈願にやって来ることが多くなり、こうした人達の中には、ご利益があってか双児を出産した例もあるという。

なお、安産祈願（頼みの参りと称している）に際しては御影、お守り、護符（持ち帰ってすぐ飲む）、麻糸（頭にピンでとめる。座産の時用いたミニチュア、この辺りでは昭和初期まで座産）、ヘラ（焼紋つきのシャモジ。暖かいご飯をよそって仏に供えると安産という。仏壇にあげておく場合もある）を授ける。そしてお礼参りには、お酒一升と三、〇〇〇円位納めるのが通例とのことである。また、子授け祈願には、堂守が縫った人形を譲り受け、授かったら二体お返しするのを原則としている。近年はキューピーその他の現代的な人形を返す人が目立つそうである。

堂内にさまざまな仏像が安置されていることは先に触れた通りであるが、ふだんは幕で覆われており、いずれも直接目にすることはできない。ただし、十二月三十日はススハライであり、この日おんば様の着物（晒製）を取り替える。像容はおそろしげな風貌をし、あばら骨が目立つ半跏趺坐の姥像であることは言うまでもない。そうして古い着物に関しては、堂守等の希望者にあげるそうで、もらった者は記念にとっておき、あの世に行く時の行衣とする人もいるそうで、おんば様は生（出産）のみならず死をも職掌とする存在といえなくもない。

ちなみに隣接する猪苗代町金曲のおんば様（橋姫神社）は、関脇のそれと姉妹関係にあるといい、河沼郡会津坂下町福原のおんば神の方にも同様の伝承がある。関脇の優婆夷堂側は「こちらはすべからく妹ということにしている」とのことである。

三　猪苗代町伯父倉、木地小屋のおんば様

伯父倉のそれは「長瀬のおんば様」と呼ばれている。やはり半跏趺坐の木像で、猪苗代町の指定文化財となっており、江戸中期の作という。その命名は、かつて長瀬川の橋の袂《たもと》にあったことに由来する。伝承によればこのあたりは洪水に悩まされ、その守り神（洪水除け）として祀られていたらしく、橋姫神社に安置されている。昭和四十一年（一九六六）の圃場整備後、自治会館や広場と隣接する現在地に移祠された。神社の祭壇をよく見ると、大小二体が祀られており、向かって左の小ぶりのものが橋姫で、右側の一回り大きいものがおんば様だという。石田の報告には、結界や橋守としての役目を負う橋姫として祀られていたものが、いつしかその姿から安産を

写真14　長瀬のおんば様　　この左側に橋姫が祀られている

司どる存在に変化したものとある。[10]しかしながら、ご神躰が二体あることには何ら言及していない。いずれにしても今日では、橋姫よりもおんば様にウェイトを置いた形で、安産祈願、諸病除に加え、入学祈願の対象として信仰されている。

伯父倉の総戸数は三八であり、六十歳になると婦人達は信心講に入会する。同じような年齢の者五、六人が集まると世代交替をするようである。現在は六人のメンバーで、うち一名が二年交替の当番を勤め、会計一人を置いている。毎月一日と、十六日に神社に集まってお参りしたり、親睦を深めるなどしており、先輩の老婆達もやってくるようである。神社は本殿と茶の間の二間に仕切られており、本殿側が開扉されるのは九月十六日だけである。この日は白津の鈴木宮司が導師となり、ご詠歌をあげる。近年はこの日祈願にやってくるのは一、二組程度という。安産祈願の参詣者には、お札、ヘラ、箸を授けるそうだが、麻糸はもう出していないという。諸病除に関しては、そのためのご詠歌は伝承されているものの、唱える機会はほとんどないようである。入学祈願は三、四月に集中するそうで、安産の「頼み参り」のご詠歌で代用し、祈願者にボールペンを渡すという。現代的な要望に、こうして工夫しながら対応しているのである。筆者の手許に、四半世紀前にいただいた（昭和五十七年八月二十三日銘の）「姥神御詠歌」集があって、以下のような演目が載っている。

たのみ参り

一、たいないに、やどりしよりも　ねがいおく、こやすくもたせたもう　うばがみ
二、まつのつゆ、たけのみどりにやすらかに　うめよといのる　とこいひとこい
三、うばがみは、さんにけがおばさせまいと　まいるひとびと　たのもしきかな
四、あさひさす、ゆうひかがやくながせがわ　だいひのひかり　よろずよまでも

お礼参り

一、ありがたや、ながせおんばのじひふかき　いかなるさんも　すくうみほとけ
二、みほとけの　めぐみもつきじすいのよも　ながせのみずの　あらんかぎりは
三、つつとひに　ひかりかがやくながせがわ　こがねのはなの　さくぞうれしき

諸病除御詠歌

一、なむおんば　しょうびょうなかれとねがいける　まいるひとびと　すくいたまいや
二、なにほどの　むりようやまい　ありとても　おんばにたのめ　たすけたもうぞ
三、ありがたや　おんみかわりの　うばじんは、くもにたなびく　みささぎのそら

病気御礼参り

一、いやひろく　ふかいおんばの　おじひうけ　やまいもきえて　みちぞひらくる

二、ありがたや　じひのごりやく　あらたかに　ほもほりきりと　やまいわするる

このほか「地蔵様のお念佛」なるものもあり、地蔵講も存在するようで、神社のそばに地蔵尊が祀られている。

なお、本殿の壁にワラジが何足か吊されており、その持つ意味を尋ねたが、わからないとのことであった。しかしながらそれについては、木地小屋のおんば様の調査で判明した。

木地小屋の大山祇神社入口に姥堂があって石像のおんば様が祀られている。その南に前田氏個人が所有する橋姫神社があるようだが、時間の関係で調べることができなかった。いずれにしても、伯父倉同様、おんば様と橋姫が対をなす形で存在しているのであり、この点に留意しておきたい。

木地小屋の総戸数六三、年をとると姥神講中の仲間入りをするそうで、現在メンバーは五人である。姥堂は平成七年（一九九五）に建て替えたばかりの新しいものである。毎月新・旧の十六日にメンバーが集まることになっている。「旧暦の十六日がいつか知るのは大変でしょう」との筆者の質問に、「猪苗代町に出回っているカレンダーには、旧暦の日付も印刷されているのでなんということもない」との、驚くような返事であった。堂内に掲げられているカレンダーを指され、確認して唖然とした。それはともかく、新暦の九月十六日は隣接する大山祇神社の祭礼で、

ムラの人達がお堂と周辺の清掃をしてくれたそうである。堂内には着物のほか、件のワラジとゲンビ（雪中用の藁製履物）が吊されていた。着物は頼みのお参りに来た人が奉納したもので、ワラジやゲンビは、難産の時おんば様が助けに来てくれるための履物だという。これも頼みのお参りの際奉納されたものである。ここでも参拝者にはやはり御影、お守り、麻糸と加えてお洗米を授けているとのことである。

結びにかえて

関脇の優婆夷堂には、おんば様のほか地蔵と閻魔が祀られているが、これは享保十七年に並祀されたものである。即ちこの頃からおんば様は仏教色を濃くしていったと見ることができる。さらに同堂内には、如意輪観音像があり、古くは木像であったことも確認できたが、気になるおんば様との関係ははっきりせず、大正十四年銘の石碑にもそのことは触れられていなかった。

ちなみに、関脇のおんば様と姉妹関係にあると伝えられるものが猪苗代町金曲と会津坂下町福原に認められ、その他にも存在するが、それについては佐治が次のような伝承を紹介している。

その昔、中通りの方から三人の姉妹が飯豊山の霊峰あらたかなのを知り、霊峰飯豊山へ登ろうとやってきたが、会津への入口にあたる難所と、長旅の疲れか一番下の妹が歩くことができなくなり関脇で別れてしまった。無念と祈願の思いを二人の姉に託すと妹は石と化し、そのままオンバ神になってしまったという。二人の姉は祈願成就のため妹の悲運をなげきながら励ましあって歩き続け、ようやく会津盆地を抜けて山への境早鳥居まで来たが、同じように次の妹も歩けなくなってしまった。祈願の容易でないことを二人は語りつつ励ましあうも、後を姉に託すと妹はまたまた石と化してしまった。残された一番上の姉は、妹たちの厚い信仰心に勇気づけられ、一人飯豊山をめざして、山中を歩きつづけたが、御秘所の手前まででくるとどういうわけか足が動かなくなり飯豊山の神の厳しさを感じながら石と化してしまったという。

佐治は、この伝承に飯豊山信仰に見られる聖域の段階的境界設定と女性の篤い信仰心、女性がおんば様へと変質する宗教的特質を見出している。(11) 岩木山や早池峯山といった東北の霊山に伝わる姉妹神伝承は、静岡県熱海市の走湯信仰で知られる伊豆山の修験の手によって広がったとする説もあり、多くの伝承では末妹が姉達を差し置いて主峰の神の座を得るストーリーとなっている。姥石伝承を基調とするおんば様のそれとはかなり異なるようで、それがどのような意味を持つものなのかは判然としないが、会津地方に姉妹関係を持つとされるおんば様が各地に存在するということは、田中が指摘するように、近世のある時期一種の流行神として各集落に広まっていったことを予想せしむるものである。(12) しかも、その流布に与《あずか》ったのが修験者というのがおおかたの見解ではあるが、決めてとなる史（資）料は必ずしも十分ではない。

なお、伯父倉のように橋姫とおんば様とが対をなして祀られている点については、明治初期の神仏分離を経た、今様神仏習合の姿と見ることができる。

あの世とこの世との境、聖なる場所と俗なる場所との境といった祀られている場所といい、像容・機能といい、おんば様（姥神）と奪衣婆とには共通する部分が多々ある。後者に力点を置きつつ双方を追いながら、習合過程とそれぞれの特徴を把握したいと考えているが、ここでは長い間気になっていた猪苗代町のおんば様信仰について報告を試みた。

V　曹洞宗寺院と優婆尊信仰
——阿賀野市・華報寺を中心に——

はじめに

三途の川のほとり、衣領樹近くに居て亡者の衣を剥ぐことを職掌とする奪衣婆は、十王信仰とともに流布した。経典の上では、唐の蔵川が撰述した『預修十王生七経』に基づいて平安末期に偽経としての『発心因縁十王経』が成立し、二十七日の初江王の場面に奪衣婆（三途河婳）が登場するに至った。そうして鎌倉期以降、この『発心因縁十王経』に基づいてさまざまな絵画が描かれ、彫像もつくられ、また文献にもしばしば記載されながら庶民層に浸透していった。ちなみに、今日広く流布している半跏趺坐の姿態に定着するのは室町時代中期を転機としてそれ以降のことである。

前Ⅲ章「奪衣婆信仰の地域的展開」は、姥神信仰その他と習合し、日本的展開を遂げた奪衣婆信仰の現実の姿を、地域の状況に即して分析することがその目的であった。秋田県下の寺院や小堂には、「小町百一歳の像」「小町九十歳の像」なるものがあって、安産、子育て等の信仰対象となっていた。いずれも半跏趺坐の木像で恐ろしげな形相をしており、「小町婆《ばば》さん」などと呼ばれる奪衣婆にほかならない。これらには、奪衣婆（さらには姥神）信仰が元にあり、それが小町と見なされるに至ったという共通点が見出せた。秋田県下では地獄極楽図の類が多くの寺院に伝えられ、絵解きも盛んに行われていたようで、十王信仰・奪衣婆信仰が盛んという宗教的背景があった。一方、小野小町が雄勝郡の旧小野村出身で年老いて京都から故郷へ戻ったという伝承を足がかりとして、豊かな小町伝承が育まれていたが、この両者がドッキングしたのである。身近にある素材を巧みに活用しながら新たな民俗を産み出していくという、庶民の創造力のたくましさを垣間見たような気がした。

本章はその論に引き続くもので、新潟県下越地方の曹洞宗地帯をフィールドとして分析を試みるものである。

下越地方の曹洞宗寺院では、優婆尊（奪衣婆）を祀る厨子がよく見かけられ、そのほとんどが安産・子育て祈願、病気平癒等の信仰対象となっている。そうしてそれらの寺院は、本末関係にあるものが少なくないのである。各教団は、中世末・近世初頭以降、葬祭を前面に押し出しながら地域社会に浸透して行く。曹洞宗寺院の下越地方への扶植（浸透）と、優婆尊（奪衣婆）信仰とは何かかかわりを持つものなのだろうか。一方、それを受容する地域の側は、それをどういう形で受け止めたのだろうか。この点について、阿賀野市出湯の華報寺に焦点を当てながら報告する。

すなわち曹洞宗寺院の地方への扶植過程をおおまかにトレースする一方、小本山としての華報寺に焦点を当て、地域と接点を持たざるを得ない末寺の動向、さらには地域ごとの受容のあり方の考察を通して、重層的な民俗信仰の動態に迫まることにしたい。

一　曹洞宗寺院の越後への扶植

曹洞宗寺院の創立を全国的に見ると、南北朝期六三カ年の創立寺院数一五八か寺に対して、室町・戦国時代一七九か年の創立寺数は一一五三か寺となり、にわかに増加した。新潟県下では、南北朝期には峨山韶碩（総持寺二世）の法流が上越・下越・佐渡に扶植されたが、この時期に開創または改宗の曹洞宗寺院は一〇か寺にすぎなかった。ところが室町時代に入ると全国的動向と軌を一にし、著しく増加するとともに、越後曹洞禅の一大拠点が成立する。応永元年（一三九四）、傑堂能勝による耕雲寺（村上市門前）の創建である。『新潟県史　通史編2・中世』によれば、傑堂は楠木正成の三男といわれ（正しくは正成の四男正儀《まさのり》の子＝筆者注）、峨山の五哲・太源宗真の法孫であり、梅山聞本の法嗣である。耕雲寺は、後世直末八一か寺、孫末以下七〇八か寺の門葉を有する越後曹洞禅の最大の本寺（仮に中本山としておく＝筆者注）として発展を遂げた。(1) ちなみに阿賀野市（旧笹神村）出湯の華報寺は、文明九年（一四七七）耕雲寺六世太庵梵守によって創建された寺院で、現在末寺一一か寺を有している。

曹洞宗に限らず、各教団の地方への扶植は葬祭儀礼を担うことを主たる目的とするものであったが、圭室締成が中世禅語録を統計分析した結果によれば、「一二〇〇年代の前半には、ほとんど一〇〇％座禅であったものが、一四〇〇年代には、ほとんど一〇〇％葬祭宗教化している」(2)という。

ところで、曹洞宗の開祖・道元は「只管打座」を唱え、伽藍神を例外として龍神や地蔵信仰等の通俗的信仰は否定的に位置づけていたとされる。その曹洞宗において、通俗的信仰を積極的に取り入れる端緒となったのは瑩山であり、瑩山は能登国総持寺を改宗・中興するに当たり、荘民に放光菩薩像（観音像・地蔵像）の安産利益を唱導したという。(3)この瑩山を引き継ぎ、通俗的信仰を積極的に取り入れていったのは弟子の峨山であり、『峨山韶碩和尚法語』には、かまど神を調伏する話が収められている。(4)これらと関連して広瀬良広は「奇端」「神（あるいは仏）の助力を受ける」「神人化度（神に授戒、のちその礼を受く）」「悪霊鎮圧」等、中世の曹洞禅僧で霊験譚的な説話を持つ者が四九人確認できるとしている(5)（表8参照）。在地の神が人の姿で現われ、禅僧に化度されたり具体的手助けを行う類の霊験譚を「神人化度説話」と称するが、中世曹洞宗は、この説話を巧みに活用して地方への扶植をはかったとされており、それは峨山派に顕著だという。(6)越後最大の本寺・耕雲寺を応永元年（一三九四）に開基した傑堂は峨山の法脈に連なる者であり、(7)華報寺の開基（文明九年〈一四七七〉）に与ったのもこの耕雲寺の六世太庵梵守に他ならない。

なお、曹洞宗寺院の開創の経緯を見ると、既にあった他宗派の寺院を改宗・中興したと伝える

表8　霊験譚的説話をもつ曹洞禅僧一覧（広瀬良広による）

分類		項目	人名（　）内は没年	人数	合計人数
奇瑞	1	寺院建立に関する奇瑞	天真（一四一三）・天徳（二九）	2	2
神（あるいは仏）の助力を受ける	2	神（あるいは仏）から出生・出家・修行上の助力を受く	梅山（一四一七）・竺山（一三）・器之（六八）・拈笑（八二）・盛禅（一五一八）	5	29
	3	神（あるいは仏）から力量を認められる	了然（～一二五一～）・竹居（一四六一）	2	
	4	神（あるいは仏）が布教地あるいは寺院建立地を示す。神（あるいは仏）の助力を受けての布教・寺院建立	慶屋（一四〇七）・大等（一五）・月庵（二五）・梅栄（二五）・字堂（三七）・青岑（七二）・即庵（八四）・冷嶽（五五）・雲岡（一五一六）	11	
	5	神（あるいは仏・蛇）が寺院建立地あるいは境内地に案内す（この場合、4に比べると、より近隣の神や土地神のことが多い）	了庵（一四一一）・如仲（三七〈近隣の神と廃寺であった時からの本尊との二説話あり〉）・盧嶽（七〇）・大林（八四）・大路（一五一八）	5	
	6	山神・竜神（以前からの土地神・守護神）が力量を認め慶瑞などを現す。または護法神となる	天庵（一三六一）・慶屋（一四〇七）・大徹（〇八）・一径（応永年間）・智翁（二六）・曇英（一五〇四）・桃岳（一八）	6	
神人化度（神に授戒，のちその礼を受く）	7	神に授戒	無著（一三九九）	1	13
	8	神に授戒、のちに出家・在家の援助によって寺院建立さる。あるいはのちに紫衣下賜さる。	大等（一四一五）・大空（一五〇五）	2	
	9	神に授戒（あるいは説法）、神のちに護法神となる	了庵（一四一一〈三神との説話あり〉）・月江（六三）	2	
	10	神（あるいは毒竜）に授戒、水（池）・塩泉・甘泉・温泉が涌く	無著（一三九九）・了庵（一四一一）・定菴・仲翁（四五）・曇英（一五〇四）・金岡（一三）	6	
	11	神に助力（あるいは説法）、神、特殊能力を禅僧に与う	実庵（一四三二）・天海（一五二七）	2	

悪霊鎮圧	12　悪霊・妖怪を鎮める、毒竜を済度す。悪霊(盗人)に引導(葬送)。ドクロを頓除す	源翁(一三九六)・梅山(一四一七)・天先(五八)・大空(一五〇五〈地極谷の火焔・竜を鎮める〉)・盛禅(一八)・天海(二七)・光国(六一)・大用(五三)	8	11
	13　群賊を説諭す	説通(?)	1	
	14　悪疾をもたらす山神に授戒。疫病の山神の廟を打破す	天先(一四五八)・節菴(?)	2	
その他	15　その他(かつて、船を覆す竜のために建立された寺を再興す)	大嶽(一五〇三)	1	1

例が案外多い（総持寺もそうであった）。そうして、その際他宗派の神仏をそのまま取り込んで、釈迦如来を本尊とする筈の曹洞宗寺院に、阿弥陀や観音を本尊としたり、境内にあった神祠を残して境内神とする例も見られた。その辺りに留意しながら、華報寺の優婆尊をめぐる信仰について分析を加えることにしたい。

二　華報寺の優婆尊信仰

華報寺は、旧笹神村の東に連なる五頭連峯（主峯約九〇〇メートル）の西麓に位置する。本尊は釈迦牟尼仏である。昭和十一年（一九三六）に市島春城によって著わされた『越後野志』に次のように記されている。(8)

華報寺、白河荘出湯村ニ在、大同四年巳丑三月空海師草創建立、五頭山福性院海満寺ト名

ヅク、寺領五百七拾八石九斗三升、文明中曹洞宗トナリ、耕雲寺六世大庵和尚ヲ開基トシ、華報寺ト改メ名ヅク、末寺二十余寺アリ、昔時火災ニテ寺録ノ証書ヲ焼、以後寺領ヲ失ヒ、イマハ寺後ノ一山ヲ領ス、周辺一里余、杉松諸木多シ、寺中温泉アリ、又薬師堂、慈王殿、白山神祠アリ、安永中、寺後山中ニ三十三観音堂ヲ建、寺内ニ水原城主ノ墳墓ニ石塔アリ、星霜ヲ経ルコト久シテ碑文湮滅シテ不分明

なお、補足すれば、大同年間（八〇六～八一〇）に空海が五頭山を開き山頂に五社権現を勧請、山麓に堂宇を建立したのが開基と伝える。鎌倉時代には五頭山海満寺（真言宗）と称し、四院三二坊を数えるほど繁栄したが、暦仁年間（一二三八～三九）に火災に会い荒廃したという。南北朝期に編纂された『神道集』に「出湯の花宝寺の長老云々」とあり、この頃までに寺号を改称、文明年間に村上の耕雲寺六世大庵梵守が住職となって、真言宗から（天台宗三代を経て）曹洞宗に改め、寺号も華報寺と称するに至った。[9]

写真15　阿賀野市華報寺

本堂は寺山と称される山を背にして西向に建ち、裏は墓地になっている。寺の裏手の北側にある沢が経沢、南側の沢が目洗沢と呼ばれ、この付近から中世の蔵骨器や石塔が出土して

いるという。[10]またかつては、「地獄の釜の蓋」と称される大石や、「血の池（地獄）」と呼ばれる池もあったようで、二瓶武爾は「今より三十年位前迄は（明治末頃＝筆者注）、未だ華報寺の境内に、地獄釜、血の池というのが残って居り、賽の河原及び地蔵尊が今尚ほ名所として現存しているところを見れば、昔は優婆尊たる懸衣嫗と関連した地獄の形式が全部あったものと推測される」[11]と指摘している。血の池と地獄の釜の蓋に関しては、それらしきものが見受けられるものの確認はできない。しかし賽の河原と地蔵尊は、出湯の北はずれにあってえもいわれぬ雰囲気を醸し出している。また、華報寺の境内には弘法大師の秘密加持によって湧出したという「漲泉窟」があり、古くは湯治客や参詣者の（今では車で通う近在の人々の日常的）入浴施設として利用されている。

二瓶は華報寺の優婆尊について、「優婆尊たる懸衣嫗」と表現していたが、「華報寺略縁起」を見ることによって、それを理解することができる。

華報寺略縁起

正面の御厨子の内に安置し奉る當國北蒲原郡出湯村五頭山華報寺の優姥尊像は本地毘盧舎那仏の御垂跡にましまして衆生應化の大悲尊なり。

抑も抑も其由来を尋ぬるに人皇四十五代（ママ）の帝聖武帝の御代天平の年行基菩薩諸国濟度の砌り當国へ御下向被遊出湯村に暫く御逗留の節五頭山之麓一樹の上に紫雲雲愛雲逮ければ諸人奇異の思いをなし行基菩薩にこの事を問奉るにこれ即ち靈木なり如何なる佛像を彫刻し奉る可きやと御思慮の折柄俄かに天地震動して一帯の黒雲舞下り身の丈一丈八尺餘りの恐ろしき

老婆其中に現れ我は是れ冥府三途河の邉に居る懸衣御媼なり外には極悪忿怒の相を現すと雖ども内には慈愍大悲の涙を流し罪苦の衆生を救ふは我が本願なり汝早く吾が形像を刻み末生衆生をして結縁を得せしむべし若し一度縁を求むる者は現世は安穏にして後生は必ず佛果に至るべしと御誓ひ遊ばさるる御言葉いまだ終わらざるに咨嗟不思議なるかな忽ち極悪忿怒の相を變じ却って三十二相八十随形好紫磨黄金の肌を現し光明赫々として十万を照らしたまひ我はこれ毘盧舎那佛なりと仰せられ消ゆるが如に虚空に飛び去り玉ひしからば行基菩薩五躰を地に投じ歡喜の涙に咽び給ひ一刀三禮して彫刻し奉る御尊容なり今昭和六年に至って既に一千二百年なり吁嗟年歴久しうして方便利生も亦擧げて數へ難き事世の人の善く知る所なり此の尊像は或は六部の身を現して諸國に結縁を求め或は醫師の身を現して難産難病の苦を救玉ふ種々の靈驗一々記し難し若し此の尊像を一度禮拝する輩は現世は無病息災にして後生は速かに佛果を得ること疑ひなし今茲に開帳し奉るは末世衆生に結縁する者也。

奄 御 眞 言

口 波 羅 摩 尼 娑 婆 訶

華 報 寺

ここには、華報寺の優婆尊像は天平年間に行基菩薩が出湯逗留の折に刻んだものであること、優婆尊はまた三途河に居る懸衣媼（奪衣婆）でもあり、毘盧舎那仏《びるしゃなぶつ》を本地仏として現世・後世の二世安楽を約束してくれる存在であること、等々が記されている。ちなみに傍線の「今昭和六年に至って」云々の部分であるが、優婆尊関連行事のたびごとに巻子物の縁起が読唱され、その時々の年号が読み上げられ、たまにはそれが印刷物として配布されることがある。従ってこの年号にはさほど大きな意味はなく、それゆえ縁起の成立年代もはっきりしないのである。

『総合佛教大辞典』によれば、毘盧舎那仏は華厳宗の教主であり（東大寺の大仏はあまねく知られている）、法相宗や天台宗でもそれなりの位置づけがなされている。一方真言宗では理智不二の如来と位置づけ、大日如来と同体と見なすなど重要な仏と見なされている。曹洞宗に関しては、残念ながら何ら言及されていない。(12) なお、優婆尊が山岳信仰とかかわりが深い点についてはかつて言及した通りである。(13) こうしたことから、華報寺の前身真言宗・五頭山海満寺当時からの信仰を取り込む形で、華報寺の縁起が出来上がった、というように考えることもできる。出湯在住の研究者、川上貞雄も同様の見解を示されている。(14)

華報寺の本堂外側両脇の柱に一対の看板が掲げられ、（本尊から見て）左側のそれは「曹洞宗華報寺」と記したもので、右側には「大悲優婆尊應現道場」と高らかに謳ったものが掲げられている。従来優婆尊は境内の小堂にあったらしいが、昭和三十年（一九五五）に本堂を改築した際に本尊右脇に移された。これによって近年、いかに華報寺で重要視されている存在かが理解されよう。地蔵や閻魔も祀られているものの、境内の小堂および光明殿（開山堂）にとバラバラに安置されている。また、一〇年ほど前に、庫裏を建て替えたそうであるが、現在庫裏のある場所が元来湯治宿で、大祭に訪れた講のメンバーが寝泊りしていたそうである。今でも本堂から温泉施設

写真16　華報寺における優婆尊大祭

につながる廊下の左右に数部屋あるものの、ほとんどの人が車を使った日帰りで、泊る人は全くと言って良いほど見かけられない。

優婆尊の大祭は三月初丑（涅槃会でもあり、団子まきもする）、六月十九日、九月十九日、十一月五日お湯まつりと合わせて実施されるもの、以上年間計四回である。古くは前夜がお逮夜、翌日が命日と称する大祭で二日間にわたるものであった。また、六月のそれは山開きと重なり、早朝四時頃から五頭山へ登拝し、昼に下山して華報寺で昼食をとって解散したものという。講のメンバーの高齢化に伴って、一〇年ほど前から登拝は中断されている。

ところで、大正期の五頭山登拝の盛況振りについて、登山家の藤島玄は次のように記している。(15)

> 初めて五頭山へ登ったのは大正八年五月であった。大正時代は、出湯の優婆尊信仰が盛んであった。新潟市では無産階級の中年の主婦や老婆達の熱狂的な信者がおった。対象の優婆様は、三途ノ河の渡守の懸衣嫗で、死出の旅路の罪人の白衣を剥ぎ、柳の枝にかけて枝の垂れ方で罪の軽重を計るというショウズカノバアサマであった。毎月十九日に講中宿に集って

読経し、霊がのり移ると、座ったまま飛び上る離れ業をやる巫女《みこ》も珍しくなかった。こうした信者たちの団体が、水原駅から羽黒へ出湯へと、土埃をあげて歩いていって、お堂に参籠したものである。五頭山開拓の先駆的役割を果たしたことは大きく、五頭五峰に石仏を祀ったのも、こうした講中である。現在でも白衣の信仰巡拝の団体が登っている事実を知ったら、驚く登山者もあるにちがいない。

藤島は、出湯・華報寺や後述する羽黒・高徳寺の優婆尊講による登拝を、五頭山登拝の魁的存在として評価しているが、この中で講の実態をさりげなく暗示している。つまり、講のメンバーの中に、シャーマン的な資質を持った巫女がいる、という点についてである。筆者は、二〇〇九年六月十九日の華報寺における大祭に参加する機会を得た。行事は午後二時から二時間余りにわたるものであった。その時の様子を以下に紹介する。

当日の参加者は、三条市・大竹講中、見附市・石田講中の他は個人参加者で、総勢三〇名程度であった。高齢者が圧倒的に多く、男性五名ほども含まれていた。母子一組と初参加の中年女性二人の姿も見られた。

(1)住職が般若心経を唱え始める。

(2)シャーマン的な資質を備えた女性が（後で聞くと、養子に入った住職の実の母親で、どうやら別当らしい。別当とはシャーマン的な資質を持つ、あるいはお加持に長《た》けている、あるいは双方持ち合わせている人、しかも人徳のある人が寺院側から称号を与えられた人で、講元は全て別

写真17　優婆尊の厨子（華報寺）

当である）、その間参詣者の間を回り、一人ずつ頭を両手で触れたり数珠で体をさすったりしながら当人の心的・肉体的状況を判断し、息を吹きかけたり、数珠で体をさすったり背中を強く叩きながら災厄の除去に努めている様子であった。これを「お加持」と称するが、筆者もその「お加持」を受ける羽目に陥った。彼女は筆者の頭を両手でさわり、「重い、重い、疲れているな、あまり悩むな。何か悩み事があったら縁多いこの華報寺に赴き、心を癒しなさい」と対処法を示してくれた。その上で後向きにさせられ、背中をドン、ドンと痛いほど叩かれて終えた。前住職婦人が健在であった五年ほど前までは、四人ぐらい別当がいてその役を担っていたそうである。

(3)この間住職は、依頼に応じて先祖（含む水子精霊）の回向を行い、また身体健固、家内安全、就職成就、学業成就等々の祈祷を行っていた。

(4)その後で住職は、参詣者の方を向き、般若心経をパラパラ繰って（但し「理趣分」の一巻のみ）厄祓いらしきことをし、最後に「華報寺略縁起」（巻子物）を取り出して読み上げ、儀礼を終えた。そうして先の別当を先頭に優婆尊像の前に一同順に進み出、お参りをする。この時も彼女は一人一人の背中を数珠でさすりながら、感じたことを各人に伝えていた。(5)これが行事のすべてであり、各自お札をもらい受けて流れ解散となる。ただし体の具合が悪い人達数人が残って、大竹講、石田講の別当二人から「お加持」をしてもらっていた。かつて参詣者の多くが宿泊していた頃は、別当が患部にお灸をすえ、頃合を見はからって温泉につかるよう指示する光景も見られたという。

当日の参詣者は、ほとんどが新潟県内の人のようであったが、先祖の回向、諸願祈願の依頼者を見ると、新潟市、長岡市、三条市、見附市といった県内各地域の他、川崎市や千葉市、遠くは北海道の函館市、北斗市等の名もあった。出郷者やかつて講が存在した北海道在住の人達が、参詣できないまでも回向や祈願を依頼してくるのである（実際石田講関係者が数人北海道から出向いていたようである）。

『水原郷』（昭和四十年〈一九七〇〉刊）には、「講中は新潟、沼垂、三条（二か所）、小須戸、見附、札幌、函館などにあり、春秋二回は定期的に参詣している」と報告されている。(16)しかし、今や大竹講と石田講、この二つが現存するにすぎず、従って正規の別当は二人しかいない、というのが実状である。このうち大竹講の活動については、後ほど報告する。なお、華報寺の優婆尊信仰は、シャーマン的な資質を有した別当を中心に結集した講によって維持されているかに見えるが、必ずしもそれだけではない。旧水原町や旧新津市あるいは五泉市といった近在からは、多くの人達が安産祈願に訪れていたのである。それは、羽黒・高徳寺の場合も同様であるが、これについても改めて触れることにする。

三　華報寺末寺の優婆尊信仰

下越地方の優婆尊像は、華報寺の他以下の末寺四か寺に現存する。

(a)新潟市中央区西堀通り・法音寺（華報寺一世・太庵梵守大和尚開基、文明年間〈一四六九～八七〉）。

(b)阿賀野市中島・長福寺（同七世・快翁源恕和尚開基、弘治年間〈一五五五～五八〉）。

(c)阿賀野市次郎丸[17]・高徳寺（同八世・立山昌健和尚開基、永禄年間〈一五五八～七〇〉）。

(d)阿賀野市里・光明寺（同十一世體厳長全大和尚開基、正保年間〈一六四四～四八〉）

これらは、支院（末寺）創立に際して移奉されたものと考えられている。[18]本節ではこれら四か寺の優婆尊信仰について報告するとともに、近代初頭優婆尊を祀るに至った、新発田市中曽根・正竜寺のそれについても、合わせて取り上げる。

(a)法音寺（新潟市中央区西堀通り）

華報寺同様太庵梵守の開山によるが、今日では華報寺と全く交流がないという。但し、先代は時折華報寺に出向いており、現住職もお伴した記憶があるという。同寺は明治期の新潟大火によって灰燼に帰したが、先々代が伽藍を復興し、先代が釈迦牟尼仏をはじめとして脇持や優婆尊を揃えた。従って優婆尊像そのものは新しいものだが、本堂入口左側の厨子に安置されている。右手を立て膝の上に置き、左手に毛髪を持つ木像で、葬頭河の婆とも呼ばれている。戦前までは優婆尊講もあったようだが、今日では優婆尊関連行事は存在しない。ちなみに寺院の年中行事としては、正月三か日の三朝御祈祷、春秋の彼岸施食供養、七月第一日曜日の盆行事が執り行われている。

(b)長福寺（阿賀野市中島）

「長福寺文書」によれば、「本尊は東方薬師如来、天平十六甲申年（七四七）行基菩薩当国下向の折、蒲原郡七島村に一宇の草庵を建立、霊夢により自ら刻せる薬師如来像を安置して、七島山長福寺と号す。開基は弘治二丙辰年（一五五六）源恕禅師と伝う。後、阿賀野川破提の際、堂宇流失せるため中島村に地を定めて再建、本尊を移して中島山長福寺を山号を改む。寛政三壬午年（一六六二）新たに堂宇を建立するも、寛保二壬戌年（一七四二）雷火により如来像のみ残して焼失。後再建して今日に至る」という。(19)

おそらく現在の優婆尊像は、寛保二年の雷火の後に造られたものだろう。半跏趺坐の木像で頭に真綿をかぶり、背中にもう一体の小さな優婆尊（奪衣婆）像を嵌め込んでいるという、特異な形式のものであった。広い意味で胎内仏を持つといえるのかもしれない。この優婆尊は、本堂斜め前の御堂に薬師如来、不動尊、豊川稲荷と伴に祀られている。このうち豊川稲荷は初午の時に祀り、お薬師さんの縁日は毎月の七日（大祭は五月）であり、これらの時に合わせて不動尊、優婆尊を祀るものの、優婆尊独自の行事はない。また薬師如来の縁起は行基とからめたものが存在する一方、優婆尊に関しては言い伝えも特になく、長福寺側は薬師如来をもっぱら檀徒・信徒にアピールしている模様である。

(C)高徳寺（阿賀野市次郎丸）

高徳寺は大字次郎丸にあるが、同寺の管轄化にある優婆堂は「元禄郷帳」に次郎丸枝郷と記されている羽黒に存在する。この羽黒の優婆尊に関しても巻子物の縁起があって、やはり行事のたびごとに読み上げられるが、内容は華報寺のそれと大同小異である。羽黒の優婆堂の説明板には、この縁起に沿って行基の作であることを記した後、次のように説明されている。

その後、天正十四年（約四〇〇年前）華報寺住職八代和尚が夢を見られ、和尚に「我を十字街に安置せよ。されば多くの人々を救うであろう」と告げられたので、和尚が現在地にお堂を建立し安置したものである。

この仏は無住の仏といって、六部に身を変えて無縁の衆を救い、あるいは医師の身をやつして難苦の産婦を救うなど霊験浅くないといわれ、広く尊信を集めている。縁日は毎月十九日、二十日の両日で、当日は参詣者で特に賑わっている。現在のお堂は今から二百八十年前に建立されたものである。

平成十四年建

笹神村教育委員会
守護所　高徳寺

夢のお告げがこの種の縁起のモチーフであるが、これによって、優婆堂が羽黒にある理由とその信仰内容が知られる。今日では羽黒の優婆尊信仰に勢いがあり、出湯の本寺のそれを凌駕する

表9　「血盆経」写本の分布一覧（成清弘和による）

	版	所在地	現在の宗派	年代	堕地獄の原因	版系
A	続蔵本			室町末?	産の血	元興寺版
B	元興寺本	奈良	真言律宗			
C	芦峅寺本	富山	天台系修験			
D	永平寺本	福井	曹洞宗	明治		源正寺版
E	源覚寺本	東京	浄土宗	一八四四以降		
F	宗賢寺本	新潟	曹洞宗	一七六三?		
G	源正寺本	秋田	曹洞宗	一七五六		
H	西来院本	秋田	曹洞宗	江戸中期?		
I	大安寺本	青森	曹洞宗	昭和		
J1	正泉寺本	千葉	曹洞宗	一九三四		
J2	正泉寺本	千葉	曹洞宗	一七八三		
J3	正泉寺本	千葉	曹洞宗	一七八三	産の血と月水	和解版
A	続蔵の頭注					
K	西大寺本	奈良	真言律宗	江戸		
L	「和解」本		浄土宗	一七一三		

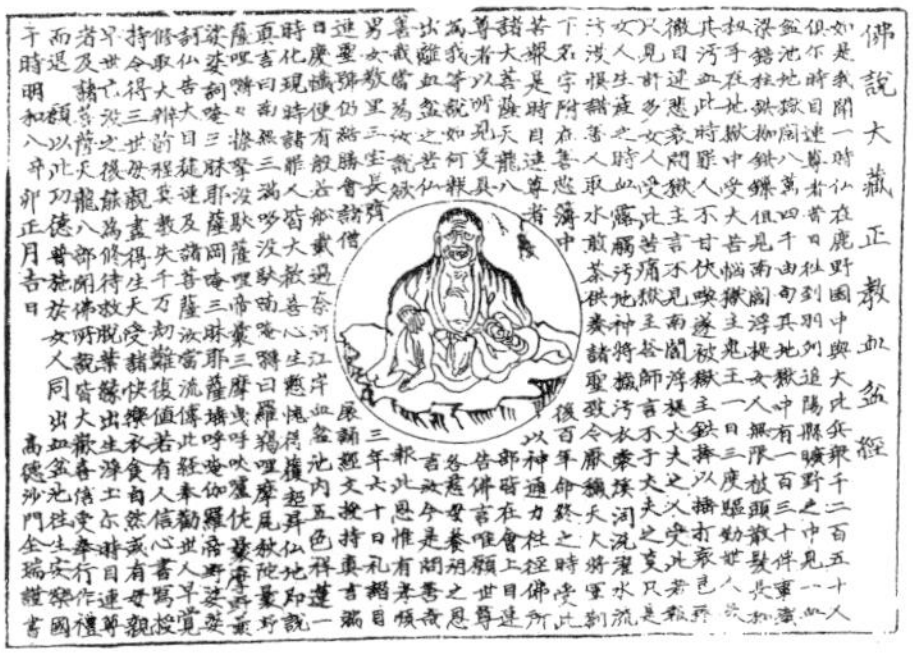

図6　「仏説大蔵正経血盆経」（高徳寺所蔵）

ほどであるが、高徳寺には明和八年（一七七二）銘の「仏説大蔵正経血盆経」なる版木があって、かつては一枚刷りのこの経文を信徒に配布していたようである。この種のものは華報寺にもあって、近年までは優婆尊の御影とともに販符していたという。さて、高徳寺の血盆経の内容は、釈迦の十大弟子の一人、目連尊者に関する伝説を基調としたすこぶる類型的なものである。すなわち、目連が地獄で苦しむ女人を見て、その理由を質したところ、獄主がこれに答え、女人は出産の際に出血をし世界を汚すからだという。目連は神通力をもって大菩薩および天龍八部を呼び出し、あるいは経文を展誦して女人を救済したというものである。図6がその刷り物であるが、経文の中央部に忿怒の形相の優婆尊を配しており、地蔵や如意観音ならぬ優婆尊が血の池地獄からの救済者として位置づけられている。(20)

ところで、偽経である『血盆経』が中国から日本に伝来したのは十五世紀頃と推定されており、先ず貴族社会に浸透した。それが太子信仰などと関連づけられ、広範に中世日本社会に受容された。熊野比丘尼が布教に与っていたこともよく知られている。そうして、『血盆経』の写本の分布を調べた成清弘和によれば、先ず浄土宗が近世の早い時期にこの経典を取り入れて布教活動を展開したという。一方、曹洞宗ではやや遅れをとったものの、積極的に活用したとされており、(21)そのことは成清が作成した『血盆経』の写本所在一覧を見れば明らかである。曹洞宗寺院に多く伝えられており、そのうち、表9の(F)宗賢寺本（新潟）のものは一七六三年頃のものと推測されているが、高徳寺のもの（写本ではないが）はそれからわずか八年時代が下ったもので、比較的早い時期に取り入れて、優婆尊と結びつけながら布教に活用していたことが知られる。
さて、今日羽黒の優婆堂で行われている年中行事は、四大祭と称される以下のものである。

一月十日　午前十一時より　九万九千日祈祷大般若法要
四月十九日　午後六時半より　逮夜
　二十日　春季祈祷大般若法要
八月十九日　午後六時半より　逮夜
　二十日　御盆施餓鬼法要
十月十九日　午後六時半より　逮夜
　二十日　先祖代々塔婆供養法要
　　祈祷大般若法要

一月十日の「九万九千日」は、文字通りこの日に参詣すれば、九万九千日分お参りしたのと同様のご利益が得られるというもので、雪が積もっているにもかかわらず多くの人々が訪れるそうである。筆者は二〇〇八年八月二十日の御盆施餓鬼法要と、二〇〇九年四月二十日の春季祈祷大般若法要に参加した。前者の参詣者数は五〇名余り、白衣を身にまとった、講のメンバーらしき人も少くなかった。本堂前には施餓鬼棚が据えられ、「優婆尊信徒霊位（裏には流転三界中恩受）」「有縁無縁三界萬霊（裏には流転三界中）」と書かれた二つの位牌が置かれていた。本堂内からこの棚に向かって、高徳寺住職を導主に伴僧八名で読経、供養し、それが終わると例によって巻子物の「優婆尊略縁起」が読み上げられた。その後、参詣者は優婆尊の前に進み出て、順に焼香する。その時、華報寺同様白衣姿の人が、数珠で一人一人の背中をさすって、「エエイ」と言いながら「お加持」をし、その後は流れ解散となる。しかし、白衣姿の人を中心に何人かが残り、優婆尊や二十講の御詠歌を唱えていた。尚、御堂側では、ろうそくやお守りは配布していたが、さすが腹帯は見かけられなかった。

後者の春季祈祷大般若法要は、高徳寺住職入院中のため、阿賀野市山崎・浄安寺（曹洞宗）の住職が導師を勤めた。導師が般若心経、観音経、除災妙音吉祥陀羅尼等の経文を唱えている間、一人の伴僧はもっぱら太鼓を叩き、二人の伴僧は、長持からしきりに般若心経を取り出してはパラパラと繰っていた。その間参詣者の中にはその伴僧に近づき、頭や背中の近くで般若心経を繰ってもらう人がいた。読経を終えた導師は、各人から依頼があった家内安全、身体健固、満願成就、万病消滅といった祈願内容を読み上げ、最後にはやはり「優婆尊略縁起」を披露し、各参詣者が優婆に焼香して終える。この時の参詣者数は、総勢二五名余りであった。その中に産婦とつき沿いの母親がいたので話を伺うと、口コミで知り五泉市からやって来た方で、当然安産祈願が目的であった。

もう一方《ひとかた》、五十代後半の旧豊栄市在住の男性から話を聞くことができた。母親が優婆尊の信者で、以前は新潟市西蒲区（旧西川町）・貝柄講中の世話になっていた。三年前に母親が病気になったのを契機に、また貝柄講の中心者、すなわちシャーマン的な資質を持った講主がなくなったので、羽黒に来て見ようという気になって妻とともにやって来た。その後ちょくちょく訪れるようになったという。貝柄講に世話になっていた時は、病院が近くになかったので薬草のことをよく教えてもらったり、子供の疳の虫を治してもらったり、子供の反抗期に助言を得て救われたという。お坊さんなども何やら相談にやって来る姿を見かけ、彼等にも彼等なりの悩みがあることを知ったという。この男性はこの時は一人で来ていたが、先日友人を連れて来たら「家の中が平穏になった」と感謝され、友人は、その後一人でも来ているという。女性の参詣者が圧倒的に多い中に、このような男性の姿もチラホラ見受けられる。親を経てこの種の信仰を知るに至る他、悩みを抱える人の間に、口コミで広がっていく様子が見て取れる。

先に引用した、『水原郷』によれば、「現在の講中は新潟市に一〇講中、新津（現新潟市）三、白根（現新潟市）三、西蒲原（現新潟市）貝柄一、村松（現五泉市）一、豊栄（現新潟市）三講中などがあって出湯をしのぐ」とある。[22] しかし、出湯・華報寺同様講の減少傾向は否めない。昭和六十三年（一九八八）に造成された玉垣の寄進者名を見ると、新潟市・貝柄講、赤塚講、北潟講、三条市・今井講、豊栄市・大瀬柳講、阿賀野市・次郎丸・上冬坂甘日待講中の他、（在所地不明の）栗山講、鳳友会の名が見られるにすぎなかった。この中の多くも、既に消滅し、今日では新潟市内に三講あるにすぎない。何らかの理由でシャーマン的資質を持った講主が欠けてしまうと、たちまち求心力を失なってしまう危険性をはらんでいるからである。

なお、安産祈願を目的に個人で参詣する人は、今ではそう目立つほどではない。しかし、三、四〇年前頃は、近在から多くの人が訪れてきた。例えば阿賀野市（旧水原町）堀越では、安産の神は羽黒の優婆様とされ、妊婦は優婆様に参拝してお参りするつど腹帯を納め新しい腹帯に取り替えた。いただき物は、オミコクと言われる大麦の粉で作った菓子であった。また、妊娠すると月の二十日ごとにロウソクを一本持って行き、灯して安産を祈願したそうである。灯し残したロウソクは持ち帰り、紙に包んで仏壇にあげておいた。腹が痛《や》めてきた時に早く生まれるようにと、このロウソクを灯して祈ったという。[23] このようなトボシロウソクの習俗は、出湯や羽黒のそれのみにとどまらず、また対象も優婆尊に限らず、全国的に広く見られた習俗のようである。

(d)光明寺（阿賀野市里）

「本尊は阿弥陀如来、元和元乙卯年（一六一五）三月寺号公称、開基不祥、開山は蒲原郡出湯村華報寺十一世體巌長全和尚にして、寛永元甲子年（一六二四）創立」という。[24] 優婆堂は本堂に向かって左側手前にあり、真綿を被った半跏趺坐の木像で厨子に納められている。そうして、羽黒の優婆様の姉と伝えられている。かつては講中が存在し、年寄り七、八人を中心メンバーとして町内や近在の知り合いを呼んでよく賑やかしていたという。メンバーの中には特にシャーマン的資質を持った人がいたという訳ではなく、その点は出湯や羽黒の講とは異なる。しかし年寄りが徐々に亡くなり、およそ二〇年前に自然消滅してしまった。一月十日の九万九千日には、羽黒の優婆様や賽の河原へ出向いていたようで、これについては今でも個人的に行っている人もいるそうである。また、毎月十九日が命日で、八月が特に盛大だったという。光明寺が現在行っている年中行事は、三月第二日曜日の涅槃会、八月五日の盆供養、十一月下旬の斎米《ときまい》供養の三つであるが、涅槃会の時に合わせて優婆様をお祀りしているにすぎない。しかし、お婆さんが孫の安産祈願をしたり、結婚して出郷した女性が安産祈願に訪れる姿も見られ、さらにはお礼参りにやって来る人も少なくないという。

(e)正竜寺（新発田市中曽根二丁目）

伝承によれば、聖篭村にあった真言宗の寺を中曽根に移し、のち天正元年（一五七三）に福勝寺十一世攝叟和尚が改宗開山したものという。(25) 華報寺と正竜寺との間には本末関係はないが、法類関係にあるという。明治十年（一八七七。華報寺側の史料では同九年ともいう）に、華報寺・優婆尊の正竜寺への出開帳がなされたようで、関連史料が双方に現存する。まず華報寺側の史料（川上貞雄家文書）は、「優婆尊発(初)開扉定約之事」と題するものであるが、いわば下書きで修正が著しく、非常にわかりにくいものでしかも年号や著名の類がない。それはともかく「今般華報寺元来什佛ノ優婆尊中曽根村正竜寺方へ出開扉之義依頼方ニ御越し相成候得共是迄扉(秘)佛ノ事故飽迄辞(退)対仕候得共不得止之御志願ヨリ仕其意ニ定約旨意ヶ條左ノ通リ」に始り、いつ出発し、誰がついてどう運び、どのように祀るか等六か条の定約を取り替わした上で、出開帳を実施したようである。正竜寺の要請に華報寺側は秘仏であることを理由に当初断っていたものの、正竜寺側に押されてやむをえず応ずるに至った経緯が、これによって判明する。

一方正竜寺側にも、この開帳を契機に優婆尊を造像して祀ったという記録が残っている。「聖籠山正竜寺優婆尊略縁起」がそれである。「(前略)其来由を尋るに去明治十年中有優婆尊を衆生結縁のため当山へ請じ奉り日数五日のあいだ供養し奉る折柄或夜の事なるに尊和尚の枕元にたちたまい告のこすは我レ此地に縁あり汝我が像を写して当山に祭ラバ永々国家を鎮護し善く郡民を救い二世安楽を得さしめん(後略)」。こうした夢の告げを得て、和尚は城主が愛でた二ノ丸御内脇の老松を入手して尊像を刻み、開眼供養を行い、寺院守護の尊と仰ぎ奉るに至った、という内容である。何故かこちらは明治十年に開帳したことになっているが、正竜寺側は当時流行していた華報寺の優婆尊を迎え入れ、それにあやかって寺院の隆盛をはかった模様である。その甲斐あってかその後参詣者が増え、講中も作られるようになって繁栄したという。

正竜寺の優婆尊は、本堂内正面右側に、薬師の厨子と並んで安置されている。しかも三体の像とのことで、二尺強の高さの大ぶりのものを中心に、斜め前両脇に小ぶりのもの二体を配したものという。かつては別に御堂があってそこに祀っていたものの、昭和三十六年(一九六一)の第二室戸台風で大破したため、本堂の修復に際してこちらに移したという経緯がある。昭和五十五年(一九八〇)あたりまでは、檀家を中心に近所のおばあちゃん達が毎月二十日頃に集まって念仏を唱えていたそうで、多い時は二〇人ほどの数になったという。今ではそうした光景も見られず、ほとんど忘れられた存在になっている。

以上、五か寺の優婆尊信仰の歴史と現状を見て来たが、いずれも衰退傾向が否めず、華報寺と高徳寺のみがそれなりに信仰を維持しているにすぎない。それも安産・子育て祈願よりも、呪術宗教的職能者（シャーマン的資質を持った人）を講主として結集した人々、あるいは何らかの問題を抱えた人々による、病気治し、不安解消のための信仰、といった側面が強い点は否めない。

なお、曹洞宗寺院の扶植との関連でいえば、羽黒・高徳寺に関しては、優婆尊の存在が大きな役割を果たしたといえる。また、新発田市中曽根・正竜寺についても、曹洞宗寺院の基盤の強化に貢献したことは間違いない。その他の寺院に関しては、現段階では何ともいえないものの、優婆尊によって本寺の繁栄にあやかる、本寺との繋がりを示す象徴といった意味合いがあったのかもしれない。

華報寺とは直接法脈上の関係を持たないが、阿賀野市小浮《こうけ》・安穏寺（曹洞宗）も、本寺からの独立（末寺の創立）に際して、優婆尊を移祠した寺院の一つである。同寺はかつて真言宗福隆寺十二坊の一つであったが、天正元年（一五七三）に五泉市・興泉寺（茨城県龍ヶ崎市・金龍寺末、文亀元年〈一五〇一〉創立）六世昌山春林が曹洞宗に改宗したものと伝えている。(26)伝承では、六世が本寺から優婆尊を背負ってこの寺に移られたという（隠居寺）。また、出湯・華報寺、羽黒・高徳寺のそれと並ぶ三大優婆尊の一つで、他寺院のそれは焼けてしまったが、唯一残るのはこの優婆尊のみとも言っている。数年前に先代住職がなくなった後、厨子の扉をあけて本尊の脇に祀るようにした。一紙物の由縁書もあって、それは安穏寺の創立年代に当たる天正発酉年銘の、興泉寺から安穏寺への優婆尊の譲り状でもあり、前半部分には、行基菩薩が出湯逗留中に刻んだ像であると、華報寺や高徳寺のそれと同様のことが記されている。

安穏寺のある阿賀野市小浮は、五頭山麓沿いの道を出湯から西に進んで阿賀川に至る位置にあって、かつて渡しがあった所として知られている。興泉寺とこれら三か寺は地理的にも近く、影響関係にあったと推察される。五泉市土深の地蔵講に伝わる「興泉寺和讃」には、会津の中田観音（会津コロリ三観音の一つ）や出湯の優婆様が読み込まれており、このことも一つの証左となろう。なお、安穏寺には優婆尊に関する行事は特にないものの、檀家の中には赤ちゃんを身ごもった時や出産後に、お詣りに来る例が少なくないという。

四　地域の信仰と講の活動

1　地域の信仰

白山麓の五泉市（旧村松町）滝谷に慈光寺（耕雲寺同様、傑山能勝が応永元年に開山）があり、白山を水源とする能代川《のうで》が流れているが、この河川沿いに十王堂（庵）が数多く存在し、その中に優婆尊が祀られていることもある。五泉市羽下《はが》の十王院もその一つにほかならない。ちなみに羽下は、安穏寺がある小浮の対岸に位置する。十王院は古くは十王庵と称し、寛永五年（一六二八）に羽下の庄屋・伊藤家が創建したものである。正中元年（一三二四）創立の橋田・吉祥寺（慈光寺末）の末寺とされるが、今日では全く交流がないという。本尊釈迦牟尼のほか、十王、優婆尊等が祀られており、大正九年（一九二〇）銘の優婆尊開限供養記念写真が十王院に掲げられている。

登山家・藤島の随筆に記されていたように、大正期は出湯や羽黒の優婆尊信仰が盛んなりし時であり、その頃勧請したものと思われる。

昭和三十五年（一九六〇）頃までは優婆尊講もあって、毎月十九日のお逮夜《たいや》には「一の木戸の優婆様の、お申しなされたお念佛、六体観音、六地蔵、七佛如来の御前文珠、十万奥の十三佛、三世諸菩薩、南無阿弥陀仏」といった優婆様和讃を唱えていたという。また、地域の人達が安産祈願にやって来て、ロウソクを灯して祈り、八尺八寸の晒の腹帯をもらい受けた。必ずお札参りにもやって来て、その時に新しい腹帯を返したと伝える。五泉市は機織が盛んな地域で、晒には不自由しなかったともいう。このように、地元の神仏に祈願する一方、出湯や羽黒の優婆尊に参詣する人も少くなかった模様である。この辺りには、安産の祈願対象となる神仏が数多く存在する。旧新津市（現新潟市秋葉区）を例に見ると、阿賀野市出湯、羽黒の優婆尊、旧横越村（現新潟市江南区）川根谷内の胞衣姫さま、五泉市切畑の観音、同上町羽生田の地蔵等がよく知られていた(27)（図7参照）。出湯や羽黒の安産祈願の信仰圏は、旧新津市北東部から旧水原町、五泉町に広がっている。旧笹神村も当然信仰圏に入るが、蒔田では一月十日の九万九千日に出湯と羽黒双方に出向き、帰りには女堂の観音様に立ち寄って帰ったともいう。(28)

阿賀野市女堂には如意輪観音堂があって、ここは宝永五年（一七〇八）に長楽寺（太庵梵守開基、華報寺末）の如霖道実和尚が開設した蒲原三十三観音霊場の三十二番札所である。同霊場は、阿賀野市、五泉市、旧新津市、旧豊栄市、新発田市等下越のほぼ全域に及び、華報寺も二十番札所

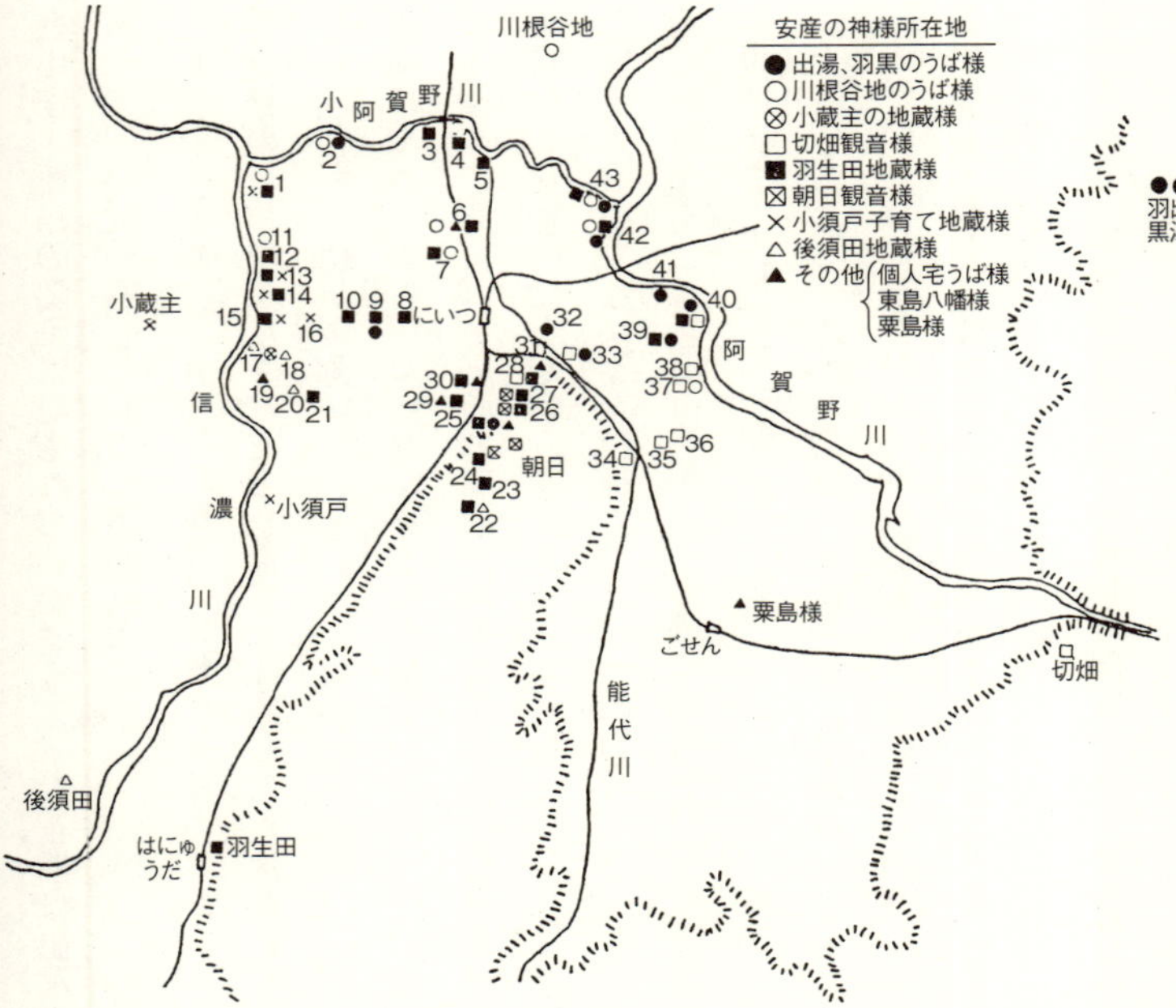

1：覚路津	11：三枚潟	21：梅ノ木	31：草　水	41：大安寺
2：市之瀬	12：三津屋	22：金　津	32：西金沢	42：満願寺
3：車　場	13：大　秋	23：塩　谷	33：柄目木	43：七日町
4：中　野	14：蕨曽根	24：割　町	34：小　口	
5：荻　島	15：四ッ興野	25：古　津	35：岡　田	
6：川　口	16：川　根	26：東　島	36：下　新	
7：北　潟	17：子成場	27：中　村	37：金　屋	
8：栗　宮	18：出　戸	28：田　家	38：上金沢	
9：小戸上組	19：浦興野	29：西　島	39：東金沢	
10：小戸下組	20：新　通	30：程　島	40：六　郷	

図７　新津市の安産祈願碑分布（岩野笙子による）

となっている。女堂では、一月十日を九万九千日と称して、二十日講のメンバーが観音堂に籠り、参詣者を迎える。毎月二十日に集まって和讃を唱えており、この講が伝える和讃には、「葬式の二十日様」「送り念仏」「重念仏」「二十日待御詠歌」「南無経大願」「中田のくわん音様」「信濃善光寺御詠歌」等の演目がある。善光寺和讃を基調として、中田観音のものを含む等、この地域に広く伝えられている和讃である。「葬式の二十日様」では、「一の木戸の　　優婆様云々」と詠われ、五泉市羽下・十王院で言う「優婆様和讃」そのものである。また「重念仏」は「しゃかにょらい　なむあみだ　しょうずかのばあ様　なむあみだ　いままくしょじん　なむあみだ、十王十体なむあみだ云々」といったもので、ムラの葬送儀礼には、「葬式の二十日様」、この「重念仏」のほか、「送り念仏」が唱えられている。優婆尊と葬頭河の婆は別々に歌い込まれており、別個の存在と考えられている節もあるが、いずれにしても、優婆尊は子供の誕生といった人の生にかかわるのみならず、死（死後）をも左右する存在と見なされていたことがわかる。さらに興味深いのは「二十日待御詠歌」である。羽黒の優婆堂でも、行事の後に残った人々がこれを唱えていた。女堂に伝えられている『二十日待お念佛本』は、口承のものを書承化したもので、既に歌詞が崩れてしまったものをそのまま記しており、わかりにくくまた長くて恐縮であるが、そのままここに掲げる。

　二十日待御詠歌
二十一番　勝尾の天樹寺

　天照らす日かげ涼しき夏山の
たからの植木　たずる玉川

二十二番女堂

女堂や三ッも五ッも八ッ森も
西い行く身は　さわらなりけり
はるばるとまいりておがむ
一の木戸いつもたいせん　ごくらくのかぜ
五手箱二箱ここにぬぎすてて
かけごをぬぎていずくならん
五頭山やみねをたどりて
うばがたき佛のちかい　あらたなりけり
二十日のお月を待ち人は
じゅあくごじやくのつみのがれ
すぐに浄土へまいるべし
浄土のおつぼに花が咲く
なむあみだー　なむあみだぶつ
なむあみだー
一の木戸のうば様のお申しなされた
お念佛六代くわんのう　ろくいのじぞう
七佛如来のでぜんのもんじゅ
十万おくの十三佛　三千しょぼさつ
なむあみだー　なむあみだぶつ
ろくだいくわんのん　ろくいのじぞう
いせには神明大神宮　高野弘法大し
ならには大佛はせいのくわん音
なむあみだー　なむあみだぶつ
なむあみだー
にういんくわん音ありがたや
維□にもつらぬく血の池の
とうのれんげをさしあげて
血の池苦言をのがるべし
なむあみだー　なむあみだぶつ
なむあみだー
ごくらく浄土の真中に
はたおり姫とてひめござる
はたは何はたといきけば

地蔵菩薩のけさごろも
なむあみだー　なむあみだぶつ
なむあみだー
ごくらく浄土いまいるには
あけずの内とて内ござる
金銀やべしよあくでない
念佛六字の明後であくである
なむあみだー　なむあみだぶつ
なむあみだー
いっぺん申せばごくらくしよう
しょうねんがいけのれんげの花
一本ひらけば西へ光明佛
らいはいいらせたもう西へ浄佛
なむあみだー　なむあみだぶつ
おん極楽の初日のれんげの花
つぼみひらけみなみこうじの

らいごうじよいにはみうご
夜中のほけきょあかつき
ようぞうようぞうねんぶつ
じぞうぼさつまいるには
一日八日十日二十四日で
申したるお念佛すいじょう百文
血文経　八万余丈の血の池も
お念佛申せば生まるとある
なむあみだー　なむあみだぶつ
なむあみだー
今まで申したるおねんぶつ
さいごのぎょねんとおぼしめし
浄佛とうげる其の時は
おねんぶつとないるひまもなし
なむあみだー　なむあみだぶつ
なむあみだーなむあみだー

「にういんくわん音」とは如意輪観音にほかならず、「浄佛」、「血文経」は成仏、血盆経の誤りで、「生まる」も「埋まる」であることは言うまでもない。この「二十日待御詠歌」は、冒頭蒲原二十三番霊場の女堂とふだん如意輪観音を預けてある隣の集落、勝尾にある天樹寺のご詠歌で始まっているが、二十日講に結集し、この念仏を唱えれば極楽往生間違いなし、といった内容で、そこには血の池地獄が盛り込まれ、救済者としての如意輪観音をさりげなく登場させている。ちなみに、女堂の如意輪観音については以下のような伝承がある。当地鉢盛城主、千坂伊豆守清胤が天正元年（一五七三）の春、狩猟の折に空海作の如意輪観音を得て城内に祀った。その後、五頭山麓勝尾村の枝郷炊出《かしで》の、病いにさいなまれていた長者の娘に譲り渡した。彼女は同集落の北端の地に御堂を建立し、自身は比丘尼となってこれを祀った、というものである。(29) 真言宗臭さが漂うが、おそらく五頭山麓には、中世末頃から女性の堕地獄からの救済者としての如意輪観音信仰が広まっていたのだろう。それを葬頭河の媼とだぶらせつつ優婆尊信仰に仕立て上げ、活用したのが華報寺や高徳寺だったのではなかろうか。その証拠となるのが、明和六年銘の高徳寺蔵「血盆経」の版木である。いずれにしても優婆尊は、華報寺とその末寺にとどまらず、周辺各地で信仰され、しかも安産・子育て祈願の対象としてのみならず、さまざまな御詠歌に詠み込まれているように、死（死後）をも司どる存在と考えられていたことがわかる。

2　講の活動

最後に、呪術宗教的職能者の元に結集した優婆尊講について、三条市大竹講に焦点を当てながら報告する。

新潟県下には、神懸りして神意を託宣する巫女《みこ》が今日でも少なからず存在する。「体の具合が悪くなってなかなか治らない。どうしたらいいか」「息子に縁談話があるが、良縁だろうか」。あるいは就職のこと、進学のこと等判断がつきかねる時に、人々は巫女を頼りにするのである。このことを「巫女に見てもらう」「伺いを立てる」「オトイアゲ」などと称している。巫女に依り憑く神霊は、稲荷だったり地蔵だったりするが、中にはウバ様（優婆尊）の場合もあって、次のような話が伝えられている。「長い間ウバ様を祀っているおばあさんが、ある日大般若経（折り本）を繰りながらお経をあげていると、突然おばあさんにウバ様がのり移って、体がピョンピョンと跳び上がりお告げをしたが、本人は少しも覚えていない。それからこのおばあさんに加持祈祷をしてもらうようになった[30]」と。

こうした巫女は、自宅に神霊を祀り、訪れ来る依頼者の要請に応えているのだが、家の入口に注連縄を張ることが多く、それなりにわかるものの、普通の家とあまり変わらないことから見つけにくい。筆者は市町村史の記述をもとに新潟市西区（旧黒崎町）大野と木場の二軒を何とか捜し当てたものの、一軒はもう家もなく空地となっていた。もう一軒の方は当人が入院中とのことでお会いできなかった。しかし後者の木場のそれについては幸いにも町史に簡単に報告がなされていた。[31]

金剛山善徳院（宗派修験宗　本尊七面大菩薩、開山―御嶽修験宗管長釈覚正　開基―豊田覚連）

当山は昭和四十二年（一九六七）七月二十一日創建、開基は覚連である。開基覚連は俗称豊田ミサで、北蒲原郡笹神村の出であるが、豊田家は三代にわたり信仰篤く、お祀りしてある仏像は俗にウバ様といわれて附近住民の尊崇篤いものがあった。その一女ミサ女は父祖の伝承を継いでその道に帰依し、昭和三十五年（一九六〇）八月十五日に修験宗管長釈覚正の授戒を受けて法名覚連と与えられて当山を開創したものである

修験宗はともあれ、ミサ氏は出湯や羽黒のある旧笹神村の出身で、優婆尊を祀り、信者も多かったという。しかも三代にわたって優婆尊を篤く信仰したという珍しい家柄である。残念ながら病気療養中のためお会いできなかったが、華報寺で出会った三条市・大竹講の大竹ノイ氏に断わられるのを覚悟して調査に出向かせていただきたい旨をお伝えしたところ、快諾して下さった。大竹ノイ氏は、別当であった姑の跡を継いだ二代目の講主である。講主（別当）は世襲という訳ではなく、本人にシャーマン的資質があって（あるいはお加持に長けていて）、しかも華報寺からその資格証を下賜されて始めてなりうるものである。先代の大竹たづ氏は、昭和二十六年（一九五一年）に華報寺二十九世岡田泰山禅師から別当の認可証をいただいている。初代のたづ氏は本家で厨子に入った優婆尊を祀っていたが、昭和四十年代半ば頃、隠居の折現在の分家の家に移り、別棟に厨子を安置して現在に至っている。先代は厨子を華報寺から汽車で東三条まで運び、そこから長い晒を厨子に結んで多くの信者がそれを持って先導する形で徒歩にて本家まで運んだという。おそらくこの時に、御縁起と般若心経一巻（理趣分）[32]をもらい受けたものと考えられる。

写真19　華報寺の大竹ノイ氏宛別当認可証

写真18　大竹講の「優婆様大祭」風景

写真20　大竹講々主(別当)大竹ノイ氏
(左側・右側は石田講々主)

二代目のイノ氏は、先代がなくなるとこれからどうすべきか途法に暮れていた時、華報寺の方丈さん（廿九世）に進められて二十一日間の修行に励んだ。食事は御飯一口ぐらいと水というように、仏と同じ程度（お供えと同じ程度の意）のものを食べただけで、般若心経を唱え続け、毎夜丑刻には頭に鉢巻をして二〇回水垢離をとった。そうしているうちに優婆様が降りてくる（憑依する）ようになり、昭和五十七年（一九八二）に別当の称号を、やはり二十九世の先代住職よりいただくに至った。最盛期には五〇人ほどの講員数を誇ったが、メンバーの高齢化が否めず、現在では三〇人ほどだという。三、六、九月の華報寺の行事の際は講員とともに参詣する。十月十七日は講で祀る優婆様の大祭で、華報寺の方丈さんを招きお焚き上げ、衣替えをしてもらう。これ以外に特に行事はないが、「大悲優婆尊日課」を毎日唱えるほか、さまざまな悩みを抱えた人々が相談にやって来るので、その人達への応待に忙がしいという。講のメンバーに限らず、市内はもちろんのこと五泉や新津、燕《つばめ》、寺泊のほか村上方面からやって来る人もいる。うつ病その他の病いの相談が多く、障《さわ》りの要因をさぐり、その除去方法（方位にかかわるものが多いようであるが）を指示する。進学や就職、結婚に関する相談もあり、時には優婆様が降りてくることもあるという。

平成二十一年（二〇〇九）十月十七日の大祭は午前十一時すぎに始った。華報寺の方丈さんが先ず優婆尊の衣替えをする。見附市・石田講の講元石田八重氏がその手伝いに当たった。衣替えが済むと、方丈さんが榊だろうか、一枚葉を用いて水を撒き（お祓い）、印を結んでから般若心経等を唱え、一巻のみ（理趣分）をパラパラと繰り、さらには祈祷・祈願内容と施主名を読み上げる。その間各自に香炉が回り焼香する。それが終わると方丈さんが優婆尊の御縁起を読み上げ、簡単な法話をする。以上が終了すると、例によって方丈さんから般若心経によるお祓いを受け、優婆尊をおまいりし、大竹講、石田講の別当より各自お加持をしてもらい、母屋の座敷でお斎《とき》となる。お斎は別として、華報寺の儀礼をそのままスライドさせたものということができる。

参加者は一七名、いずれも老婆で高齢化が著しい。実際足・腰の痛みにさいなまれている人も多く、優婆尊や別当さんに寄せる思いに圧倒された。あるお婆さんによれば、「一心に祈り続けると、優婆尊の眼が光り輝いて見えることがあり、ああ優婆尊と一体化したんだと思う。そうした経験が幾度かある」という。また、「病院へ通っても治らなかった病いが、別当さんのお加持で治った。別当さんには感謝している」、との声も聞かれた。ちなみに、衣替えした後の優婆様の古い衣装は、細かく切って病気相談者の患部に貼るなどするそうである。

結びにかえて

仏教各宗派と民俗信仰との関連についてみると、真言宗と天台宗は神仏習合を生み出す基盤であっただけに民俗信仰との結びつきが強く、他方浄土真宗や日蓮宗は「内徒物知らず」「固法華」と言われるように、排他性が強いとされている。その中間に位置するのが曹洞宗、臨済宗といった禅宗系の宗派、というのが一般的な見解である。こうした見方を確認するために、筆者はかつて浄土真宗地帯の民俗調査を実施したことがあり、各寺院の地域社会への浸透の仕方、受け入れる地域側の姿勢如何にかかわっていて、一概に言い切れないことが判明した。(33) とりわけ地域の生活と不可分の関係にある末寺、地域社会に支えられて初めて存続しうる末寺にあっては、地域の意向（習俗）と妥協せざるを得ないことが少くない。だからこそ異宗派的構成をとる地域社会にあっては、葬送儀礼・祖霊供養は宗派を超えて共通であることが多く、僧侶の方も宗派を超えて共同で行事・儀礼を営むということがありうるのである。

本章では、曹洞宗の民俗信仰に対する姿勢の歴史的変化を概観した後、曹洞宗の越後地方への扶植過程をトレースし、その上で下越地方の小本山・華報寺を事例として、信仰の特徴と地域の民俗信仰との関連について分析を試みた。曹洞宗にあっては、開祖道元を別として、民俗信仰を積極的に取り入れ、「神人化度説話」なる霊験譚を活用しながら布教活動を展開した。峨山派にそれが顕著であり、越後曹洞禅の拠点・耕雲寺の開創者傑堂もその法脈に連なるもので、華報寺はその末寺にほかならなかった。また、曹洞宗寺院には、他宗派寺院を改宗・中興し開創したとする所も多く、その際他宗派の諸仏を排除せずそのまま取り込んでしまう場合がまま見られた。華報寺の場合、「神人化度説話」を持つ僧侶は確認できないが、真言宗（天台宗）寺院を改宗・中興し、従来の五頭山信仰（そのうちとりわけ優婆尊信仰）を積極的に吸収した。「華報寺略縁起」がその結晶であり、支院（末寺）の開創に際しても、華報寺信仰の象徴である、優婆尊の分霊を移し祀るという処置が少なからぬ寺院でなされた。さらに、近世中期以降は「血盆経」による女人救済を説くようになり、次郎丸・高徳寺の刷物に見られるように、女人の救済者を如意輪観音から優婆尊に差し替え、行事のたびごとに優婆尊略縁起を読唱し、その功徳を檀、信徒に説いてきた。そのため以上報告してきたように、優婆尊信仰は下越地方全域にまで広がったのである。

ところで、縁起で説く優婆尊のご利益は、「現世においては無病息災」「後世においては速かに佛果を得る」、この二つであり、後者については御詠歌や念仏に信仰の一端が伺えるものの、どちらかといえば前者の現世利益を中心に信仰され、女人救済に関しても、安産祈願の対象として人々に受容された。そうして信徒個々人が参詣に赴くとともに、各地に講が結成され、信仰された。なおこの地方は二十日待が盛んであり「二十日待御詠歌」にはさまざまなホトケが取り込まれており、信仰の重層性、錯綜性を垣間見ることができるとともに、優婆尊信仰の根強さを伺い知ることができる。

ちなみに下越地方には、シャーマン的資質を持った巫女が数多く存在し、病気を中心とする災厄の除去、結婚・就職・進学等の悩み相談に対応している。そうした巫女の中には優婆尊を守護神とする人もおり、講を結成して華報寺や高徳寺（羽黒の優婆堂）を修行の場とする人が少なくない。少子化社会、複雑な社会状況下の今日、安産信仰よりもこちらの方が盛んな点は否めない。寺院側も「別当」なる称号を認可するなどの形で、こうした状況を受け入れ、寺院側と巫女（別当）が連携する形で講が維持されているといえる。

以上のことをまとめると以下のごとくである。曹洞宗の本山にあっては、中世末以降所属寺院が地域社会に受容されやすい施策を打ち出した。すなわち葬祭仏教化、改宗前の宗派の信仰の取り込み、「神人化度説話」の活用等がそれであり、一方最前線にある小本山、末寺は、これらを背景に地域社会の人々と接しながら布教のあり方、信仰のあり方を模索してきた。また地域社会の人々は、それぞれの宗教的欲求に基づいてさまざまな信仰を取捨選択する一方、社会状況の変化に対応しつつ独自の信仰を培ってきた。こうした小本山・末寺と地域住民とのかかわりの累積、いわば仏教の民俗化と民俗の仏教化との相互作用の歴史の中で、重層的かつ多様な民俗信仰が育まれてきたのであり、その一端を下越地方の曹洞宗寺院における優婆尊信仰の歴史と現状を通して確認することができた。

Ⅵ　新潟市内のウバサマ信仰と講
――阿賀野市の華報寺と高徳寺を視野に――

はじめに

下越地方のウバサマ（優婆尊）信仰の拠点は、阿賀野市（旧笹神村）・出湯の華報寺と同・羽黒の優婆尊（同・次郎丸の高徳寺が管理）である。華報寺は、文明年間（一四六九～八七）に村上市の耕雲寺六世大庵梵守和尚が住職となって、真言宗から曹洞宗に改め、寺号も海満寺から華報寺へと改称した。一方の高徳寺は、華報寺八世立山昌建和尚による永禄年間（一五五八～六九）の開基であり、両寺は本末関係にある。高徳寺のウバサマ（優婆尊）は創建に際して移奉されたものので、実際華報寺の末寺には、この他新潟市・法音寺、阿賀野市・中島の長音寺、同市・里の光明寺等にも優婆尊が祀られている。これらの詳細については前章で触れた。いずれにせよ華報寺、高徳寺この両寺のウバサマは、安産・子育てのホトケとして知られており、また取り子の慣行もあったようである。『水原郷』（昭和四十五年刊）には、華報寺の講中について「新潟、沼垂、三条（二ヵ所）、小須戸、見附、札幌、函館などにあり、春秋二回は定期的に参詣している」と記るされている。また高徳寺のそれについては、「現在の講中は新潟市に一〇講中、新津に三、白根に二、西蒲原貝柄一、村松一、豊栄三講中などがあって、出湯をしのぐといわれている」とある。(1)それから四〇年余り経過し、多くの講が消滅した。筆者が調査を打ち切ろうとした矢先に、阿賀野市在住の岩野笙子氏から、「先日亡くなった内の姉がウバサマを祀っていたが、高徳寺さんから厨子等を返却するように言われた」「実家の祖母、母がウバサマを祀っていたが、一〇年前に華報寺さんに返した」、こういう友人がいるから来ませんかと誘われ、最後の調査を行うことになった。ここでは、高徳寺関連の猪又講、華報寺関連の青柳講（立川講）を取り上げることにする。

一　猪又講について

下越地方には、神懸りして神意を託宣する巫女《みこ》（呪術宗教的職能者）が少なからず存在する。(2)新潟市内にある華報寺、高徳寺関連の優婆尊講は、こうした呪術宗教的職能者あるいはお加持と称する加持・祈祷のできる人（男性の場合もあるが多くは女性）を講主として結成されたもので、その人の姓をとったり地名にあやかって〇〇講と名乗っている。安産・子育信仰とは異なる側面を、この講の活動を通じて知られるのである。新潟市中央区下大川前通りの自宅にウバサマを祀っていた猪又ジュン氏は、平成二十一年四月になくなられたが、彼女の活動については、実妹にあたる近あつ子さん（一九四一年生）から伺うことができた。講主であったジュン（一九二二年生八十七歳で没）と先代で養母のチサ（一八九三年生　七十六歳で没）は、ともにお加持をもっぱらしていたようである。しかしそのもう一代前、すなわち前身の長岡講々主、長岡ソモ（中央区礎町を住まいとしていた）には霊力があって、ウバサマがよく憑いたという。幸いにも「大正十年十月之講立」と記された長岡講中の「大悲優婆尊永代大般若施餓鬼」と書かれた帳簿が残っており、その冒頭の「本講々則」には次のようにある。

一、本講講員ハ羽黒次郎丸高徳寺ニ御鎮座ノ大慈大悲優婆尊ヲ御信仰奉依テ講員ハ毎月金三十銭ツツ積立ヲ満一ヶ年トス此内金弐百円ヲ以テ高徳寺へ奉志納毎年春一回ツツ大悲優婆尊へ御参詣仕リ永代大般若祈祷ヲ仰ギ秋ハ十月ニ至リ施餓鬼供養ヲ執行スル事

二、本講員及家族ニ死亡シタル時ハ香資料ヲ前項ノ積立ヨリ出金スルコト尚各員繰合セノ上葬送スルコト尚火災等ニ□□リシ時ハ前同様見舞ヲ出金スル事

三、毎年春一回ツツ本山へ参詣ノ定日ハ講員一同協議ノ上取極ルコト其他本講ニ付要談アル時ハ世話人委細報告致へク総会ノ時日ハ萬障繰合セノ上出席ナサレ度而シテ過半数以上ノ人ヲ以テ協議ヲ決定スルコト

講主　長岡ソモ

以下世話人二六名の連署があり、近さんの義祖母の名も見える。毎月講金を積み立てて本山参

詣を年一回実施するほか、秋には施餓鬼供養を行うとともに、葬儀を行ったり火災見舞をするなど、不祝儀や被災時の相互扶助組織といった趣を持っていたようである。

長岡ソモの主人は大工で羽振りが良く、お妾さんを囲っていた。ソモは「妾など死んでしまえば良い」と恨み、藁人形に釘を打ち込んで呪い殺そうとした（丑刻詣りか？）。相手本人には何事も起らなかったが、彼女の子は間もなく火事で焼け死んだ。しかし自分の一人娘タネも目が見えず、耳も聞こえない状態で生まれたので、因果と思い信仰の道に入った。ソモが四月十四日（何年かははっきりしない）八十七歳でなくなった。一人娘のタネにも霊力があり、ソモの命日に線香の臭いが強いと何かあると予言することもあったという。ソモの後、しばらくタネがウバサマのお守りをしていたが、講員であった猪又チサに託して昭和三十四年になくなった。こうして猪又講が成立したが、チサは信仰心に篤く、近くの金比羅宮や白山神社に足繁く参拝し、また長らく出羽三山登拝を行い、毎年更新する月山神社のお鏡を寄進したり、古峰神社へも出向いていた。さらには、養女のジュンを連れて修行のため四国巡礼などを行ったともいう。昭和三十九年の新潟地震に際して、ウバサマを礎小学校に避難させたことがあるといい、どれほど大事にしていたかがこれによってわかる。チサの命日は、奇しくも長岡ソモと同じ四月十四日であった。

珍しく世襲という形で猪又講を引き継いだジュンは、チサの命日である十四日をウバサマの命日（縁日）とし、チサの供養を兼ねることにした。チサのなくなった直後は講員が四〇から五〇人ほどいたという。平成二年四月十四日のジュンの日記に次のように記されている。

写真21　ウバサマ御影
（近あつ子氏所蔵）

四月一四日（土）雨　おばあちゃん祥月命日。特別に五目おこわ、焼魚（マス）を付ける。橋本さんから笹ダンゴ三〇ヶ優婆さまに上げてもらう。食事の時皆さんに一ヶづつお上げする。一四日の命日にはおいしいものを何時も供えて戴く。夕方和夫が来て日の出町の風呂の札をくれたけど使えない札であった。五月六日本社参りに行く事を伝える。

春の本社参りのほか、一月の九万九千日の命日に羽黒まで出向くことがあったようで、平成元年一月十日の日記にそのことが見える。

一月一〇日（火）晴　本社優婆様九万九千日、朝八時三〇分家を出る。万代橋上から新タクを拾い乗って行く。清酒一本お年始に上げる。高徳寺へ五千円、のり詰合せ四千円あげる。大勢のお参りの人達でいっぱいであった。天気も良く四月頃の陽気とのことである。一時三六分のバスで水原より新潟行急行に乗りかえて帰った。

春には必ず本山に参り、時には一月十日の九万九千日、さらには秋に出かけることもあった。日記にある通り、近年は日帰りとなってしまったが、かつてはお籠りをしていたようである。このほか春先には栃木の古峯さん、七月二十日には皆で出羽三山にも出かけていた。一方毎月の自宅での命日には、大般若経を唱え、災厄除けにこの経をパラパラ繰ったり、以下のご詠歌を唱えたりした。「一つ木戸のウバサマの、おはしなされたお念仏、六代観音、六じの地蔵、七仏如来のうれいのもんじゅ、十三仏の　おんほらまにそわか」。そうしてジュンはお加持をもっぱらとし、いつも新潟市内の山岸チヨ、同（旧豊栄市大月）の堀フク両氏〈霊力がある〉が来て講員の悩み相談に応じていた。二人とも講主で、お互い講主同士の交流があって行き来していたようである。そうして最後にお斎と称して御馳走を振る舞って解散となる。

その他の年間行事としては、ウバサマの衣替えと節分とがあげられる。六月半ば頃夏着の絽の着物に、また九月半ばには袷に着替えさせる。いずれも水原の吉澤仏具店より購入し、近さんなど近くの信仰の篤い人が担当した。また節分はいわば家族サービスでもあり、信者の家族を招き、お斎の際にはこの時に限り甘酒やアルコール類を振るまっていたという。このほか毎月命日前に仏具のおみがきをしていたとのことである。以上が猪又講の活動の概要である。

優婆尊講の講主は、それぞれ当該寺院より「別当」なる称号を与えられている。基本的には本人一代限りである。称号とともに優婆尊と厨子、巻子物（多分複製）の略縁起、大般若経（理趣分部分）一巻が下げ渡される。後継者がいない場合は元に戻すという約束事があって、講主・ジュンがなくなって後継者がいない今、遺族は高徳寺からそれを求められているのである。

二　青柳講（立川講）について

こちらは華報寺ゆかりの講で、実家の祖母と母がウバサマを祀っていたという、中央区西堀通六番町にお住まいの田村美知さん（一九二六年生）から情報を得た。

田村さんの実家は同じく中央区松岡町にあって祖父は北洋漁業に携わり、カムチャッカに番屋を設け、流し網漁を手がけていた。門徒であり、板っ子一枚下は地獄と言われる厳しい仕事にいそしんでいたため、信仰心の篤い人で、連れ合いのコマ（一八七三年生　九十歳で没）も同様であった。田村さんは祖母のコマと三歳から七歳ぐらいまでの間、同区湊町にある青柳講によく出向いていたという。そうして祖父と祖母の会話から、青柳講の講主か誰かはよくわからないが、その人の夢告（ウバサマが憑依して告げた）によって、青柳講を引き継いだらしいことがわかったという。ふつう講主が交替すると、講名も変わるのだが、コマは自分で立川講を名乗ったことは一度もないとのことである。ただし周囲の人はそう思い込んでいたらしい。

ところで立川コマが引き継いだ青柳講は、華報寺境内東南の一角に四間×四間半の独自の宿坊を有する大きな講であった。また境内には、青柳講中の再興碑や青柳講員菩提之碑があるほか寄進した弘法大師像まで立っている。まず再興碑であるが、銘をみると、

再　興　碑　　新潟青柳講中

五頭山者云弘法大師之所開莫峰頂勧請五躰尊像以鎮護國家利導郡品延應之頃零落而靈縦拂地久矣今青柳茂登深歸三寳諷《カ》崇信我寺鎮座優婆尊結講導國信有年於茲且常慕往而不巳於是乎与信者合力以謀再興乃第一峰観世音菩薩者是永原啓資同興世第二峰薬師如来者田中吉太郎第三峰不動明王者田邊敬作第四峰毘沙門天者笹川勝平第五峰地蔵菩薩者伏見市蔵等率先為之寄付又大師之像者係高木喜一郎寄付皆石材也是以投浄財者無慮因修繕埜《カ》路便登山奇特何物加之矣乎大正十一年六月十九日乃記事并録助之芳名於陰以識不朽五頭山華報寺現董大観安撰修外書
鈴木刻　（碑左右裏面に一四七名の記名あり）

と刻まれている。つまり中世に失われた五頭山五峰の仏像を再興したという内容のもので、川上貞雄は、「単なる優婆尊信仰の講にとどまらず、華報寺、五頭山信仰を支えた講といえる」と指摘している。(3) 一方青柳講員菩提碑には一〇五名の講員の名が刻まれている。ただし創建年銘が見当たらず、いつ建てられたかははっきりしない。

田村さんは、やはり小さい頃、コマに連れられて華報寺に赴き、温泉もあることから四、五日逗留した経験を持っている。その時コマは離れの方丈さんの隣の部屋に泊り、他の信者は別の所に泊まったと記憶している。おそらく青柳講をコマが引き継いだ後のことで、信者達は自前の宿泊所に泊ったものと推測される。田村さんはコマや信者達と五頭山登拝も行っていたようで、子供だったために兵児帯を腰に巻きつけられ、後ろから強力さんが帯を握りしめて押し上げられるようにして登ったという。

毎月九日がウバサマの命日で、信者は五、六人から一〇人ぐらいが集まった。下《しも》の人達がほとんどだったそうだが、古町を境に信濃川の下流地域が下に当たる。ちなみに上流地域を上、浜側を山の手と地域を区分しているようである。般若心経を唱えたり、例によってそれをパラパラと繰るなどのほか、御詠歌を唱えた後、お斎となる。悩み事の相談やお加持は普段の日に受けつけ、信者達のオトイアゲに際しては、コマは手を合わせて一心不乱に拝んだが、そのうち体がユラユラ動くようになって神懸りし、一人称でしゃべり、声の質・高さとも普段とは全く異なるようだったという。こうした状態の時に、正座したまま二〇センチほど飛び上がることもあったとのことである。

一方のお加持について、田村さんは次の三つの病いの対処法を記憶していた。

(a)メフングリ（所謂モノモライ）――印を結んで呪文を唱えた後、次のようなことをする。稲穂の少し粒の残ったものを患者の目の前に持って行き、穂の部分をしばる。そうしてノギの方を火に当てるとプッツンと大きな音がする。これで治るという。

(b)便秘――いつも首にさげている数珠を手にわがね、横になった患者の腰のあたりをさする。

(c)疳の虫――洗面器にぬるま湯を入れ、子供に両手をつけさせる。その後コマがタオルを差し出し、子供は手のヒラをそれに当てる。コマはタオルを折り曲げて子供の手の甲にかぶせる。その上で子供に両手をかざさせる。すると、疳の弱い子の場合は手の指の間から糸のようなもの（つまり疳の虫）が浮き上がり、疳の強い子の場合は手の指先から赤い糸が浮

写真22　返却されたウバサマの厨子
（華報寺光照殿）

き上がるという。

(c)について田村さんは子供心におかしいと思い、「タオルの糸やないの」と言うと、プライドを傷つけられたのか、コマはそれ以降タオルに替わって手拭いを用いるようになった、というエピソードまで残っている。なお、筆者が華報寺や講主の家で見たお加持は、患部をさする、という類のものであった。あるいは数珠で背中をさすった後、ドン、ドンと叩くものもあり、これは筆者も体験した。

　田村さんはおばあちゃん子で、しかも嫁に出てしまったため、あまり二代目の母のキミ（一九〇八年生　九十九歳で没）のことは覚えていないようであり、ただウバサマをお守りしていただけという。そのキミも亡くなり、ウバサマや厨子等々を華報寺に平成十一年五月に返却し、今でも同寺光照殿に安置してあるとのことである。

結びにかえて

二つの講とも既に消滅し、しかも嫁として他出したお二方から実家のことを伺う、というハンディもあり、あいまいな点も少くないが講の活動とその継承についておよそのことを知ることができた。

猪又講、青柳講（立川講）は、前者は高徳寺関連、後者は華報寺関連の講であったが、多くの点で共通点を見出すことができた。ともに初代は、前講主やウバサマの指名（後者の場合は夢告による指名）によって講を継承したものであり、ともに二代にわたって講主を勤めた。講主となりうる要件は、霊力がありしかもお加持ができる、あるいは必ずしも霊力はないがお加持に長けている、このどちらかである。もう一つは、家にウバサマを祀り、人を集めお斎に際しては信者に振る舞わなければならないということから、資産があって奉仕の精神にあふれている人、筆者の観察の限りではこれも必要要件のように思える。

猪又講のチサ、ジュンはともに四国遍路や出羽三山登拝によって修行し、お加持をもっぱらとした。青柳講（立川講）のコマ（キミについては不明）も四国遍路の経験を持ち、八海山登拝で修行し、こちらはウバサマを憑けることが出来た。各講は、毎月命日に自宅のウバサマを祀るほか時には本山参りもし、またお加持によって病気の治癒を行う、あるいはオトイアゲによって悩み事の相談に対応するなど、信者の現世利益的欲求に応えていた。ウバサマは「二世安楽」を謳い文句としていたが、一方の後世（来世）安楽にかかわる行為としては、猪又講の前身長岡講の「大悲優婆尊永代大般若施餓鬼」に記された内容から伺い知ることができる。また、青柳講（立川講）についても、華報寺境内の「青柳講員菩提の碑」から察することができる。それを引き継いだ猪又講は命日のつど講中の死者供養を実施しており、立川講も毎年六月には施餓鬼を、秋九月には万燈供養を行っていたとのことで「後世安楽」もそれなりに引き継いでいたようである。

最後に、ウバサマ信仰のもう一つの現世利益、安産・子育てについてであるが、他の講にあってては祈祷をし、腹帯を頒布している所もなくはないが、二つの講はそれもなく、関心は薄かったようである。本山参りの際に信者の中には安産・子育て祈願をする人があり、間接的にかかわっていた、という程度にすぎない。

お加持やオトイアゲを通じて活動を展開していた二つの講も、後継者を指名しえぬまま近年消滅した。講主や巫女の家は、個人宅でひっそり祀り、目立つものといえば玄関入口に張り渡された注連縄だけである。新潟市内を歩き回って巫女らしき人のいる家に何度か出喰わした。一方、講主の居所をようやく探し当てると、ご高齢で入院中あるいは既に屋敷跡しか残っていなかったという経験が何度かあった。高徳寺関連で現在活動しているのは新潟市内の三講中であり、華報寺関係の現存する講中は二つにすぎない。こうした状況故に報告する気にもなったのであるが、先行きを案じつつ筆を置くことにしたい。

Ⅶ　巣鴨とげぬき地蔵にみる世相
――新聞記事（一九〇七～二〇一〇年）の分析を通して――

はじめに

新聞記事を見ていると、時折地蔵信仰関係のものが目に止まる。近年のものを二、三あげてみると、「しばられ地蔵（葛飾・南蔵院）、大みそか、一年の縄解き」（二〇一一年一月八日付朝日新聞東京版）、「津波にまつわる伝説・アニメ人気　みちびき地蔵復元へ」（二〇一一年七月三十一日付朝日新聞朝刊）等々である。前者は、江戸の名奉行大岡越前守の活躍を伝える『大岡政談』の中の挿話とかかわりを持つ地蔵で、元来盗難除けに効験のある仏であった。ところが、今日では縁結びやおけいこごとの上達、頭が良くなるようにとの願掛けにまで広がって信仰されており、縄を一本一〇〇円で買い求めて地蔵を縛る。そうして願いがかなえば一本ほどいてお礼参りをするというものである。この記事は、毎年の大晦日に行われる縄解き供養を報じたもので、「一年分の縄を解き、おたきあげをするのだ。ハサミや鎌でざくざくと縄を切られ、姿を現した地蔵は想像以上に小さい。解かれた縄は軽トラック一台分にもなる云々」と記されている。解かれた縄の量と地蔵像の大きさの対比から、その信仰の盛況ぶりがうかがえる。

一方後者は、宮城県気仙沼市の離島・大島にある「みちびき地蔵」が昨年襲った三・一一の東日本大震災に伴う大津波で流されてしまった。過去および今回の教訓と復興の象徴とすべく、復元の計画が持ち上がった、という内容の記事である。他の誌面も含めると、地蔵関連記事はそれ相応の数に上り、内容も多岐にわたるものと思われる。

しかし、何といっても東京方面で頻繁に登場するのは巣鴨のとげぬき地蔵に関するものである（表10参照）。同地蔵については筆者も多少言及したことがあるが、(1) 大部以前に日本生活学会の有志が組織的な調査を実施し、報告書も刊行されている。(2) この生活学会の調査については、新聞記事にも取り上げられ、「とげぬき地蔵周辺のおばあさん百態、日本生活学会が考現学調査」と題して次のように報じている（表10－15）。

路上観察学など暮らしのウォッチングが話題になっているが、生活を丹念に観察し、記録する「考現学」の元祖　今和次郎の生誕から今年（一九八八年＝筆者註）でちょうど一〇〇年、考現学を受け継いだ日本生活学会も創立一五年になる。これを同時に記念した展覧会が、二月から東京・銀座の東京ガス銀座ポケットパークで開かれる。おばあさんの参拝が多いことで知られる東京・巣鴨のとげぬき地蔵かいわいの客、商店街、露店などの実態調査「おばあさんの原宿」をはじめ、〈老人たちは、いま〉〈子どもの考現学〉〈くらしのウォッチング〉〈変わりゆく村〉〈都市の探検〉のテーマで、現代生活の実相が興味深く展開されている。（以下略）。

この記事は展覧会の内容紹介となっているが、考現学流の調査は詳細を極め、報告書も興味深い。それについても新聞で取り上げられており（表-16）、編者の川添登は、序章の「歴史と背景」を簡略にまとめたにすぎず、言いたいことはほとんど述べることができなかったとして、改めて「巣鴨とげぬき地蔵（万頂山高岩寺）の変容と発展――『おばあちゃんの原宿』は、どのようにしてつくられたか――」なる論稿をまとめている。(3) 近世以降現代に至る信仰の実態が詳細に記述されており、本章でも再三引用することになる。

ちなみに、「朝日オンライン記事データベース聞蔵DNA」掲載の巣鴨とげぬき地蔵関連記事は表10に示した通りであるが、便宜的に三期に分け（一九七五年の高度経済成長以降は、年数が長いことから、二十一世紀前と後というように区分してある）、世相とかかわらせながら信仰の様相を見て行くことにする。

一　とげぬき地蔵の歴史

近世、寺院は戦略的に配置され、寺町を形成することが多く、また市街地の拡大に伴って周縁へ移転を余儀なくされた。巣鴨とげぬき地蔵こと万頂山高岩寺（曹洞宗）も例外ではない。同寺は武蔵国幡羅郡奈良村集福寺の末寺であり、寺伝によると慶長元年（一五九六）神田明神下同朋町（現千代田区外神田二丁目）に扶獄太助和尚によって開創された。その後明暦（一六五五―五八）の大火によって下谷屏風坂下（現台東区上野七丁目）に移転したが、その時期については『御府内備考』にも「年代不相知」(4)とあって不明である。ちなみに享保十七年（一七三二）に菊岡沾涼によって著された『江戸砂子温故名跡誌』巻之二には「はやり地蔵有、尺ヶ一寸斗の小仏也」と記され、(5)続いて享保二十年（一七三五）年刊の『続江戸砂子温故名跡誌』巻之四「地蔵霊場」の項には次のような縁起が掲載されている。(6)

〔補〕　印像《ゐんぞう》地蔵　万頂山《まんてう》高岩寺《かうがんじ》　禅宗　下谷びやうぶ坂埜

正徳三巳年田付《たつけ》氏何某《なにがし》の妻《つま》　病苦万死《びょうくばんし》一生《しやう》たる時云、我《わ》が氏《うぢ》長谷川《はせかは》の家に霊《れう》ありて女子廿五歳を越《こへ》ず、我《われ》今死《し》を待《まつ》のみ也。田付氏これを聞、此上は神明仏陀《ぶつだ》の力ならではと常に信ずる所の地蔵尊を祈る。少睡《ねむれ》る枕《まくら》に一人の僧来て曰、此像《ぞう》一万躰《たい》紙にうつし江河《こうが》に流《なが》しなば平愈《へいゆふ》ならしめんと、屑木《せうぼく》のごときものをあたへ給ふと見てさむる。枕のうへに自然木《じねんぼく》一寸三分の地蔵尊を刻《きざ》める印像《ゐんぞう》あり。告《つげ》のごとくの一万躰《たい》うつし、浅草川にうかめり。その夜、病人《びやうにん》の床《ゆか》に衰《おとろへ》たるおのこ立《たて》るを高僧錫杖《かうさうしやくでう》を以て追《おい》給うと。夢ならず現《うつゝ》ならずを覚《おぼ》へて明の日より全《ぜん》快《くわい》におもむき終《つい》に死《し》をのがれたりし也。此像因縁《ぞうゐんゑん》あつて当寺に納《おさ》まる。重病難病《ぢうびやうなんびやう》の者、此印《ゐん》像《ぞう》をいたゞくに、そのしるしあらずといふ事なし。くはしくは当寺霊験《れいけん》の記《き》に見えたり。

すなわち、田付氏が夢枕に立った地蔵のお告げにより、地蔵の姿を描いた紙を川に流すと妻の

写真23　巣鴨とげぬき地蔵こと高岩寺

図8　とげぬき地蔵尊御影

病が回復した、という内容で、御影の起源と延命地蔵の霊験を語るものである。この「当寺霊験の記」は、田付何某とある田付又四郎氏本人が、享保十三年（一七二八）七月十七日付で自らしたためた「下谷高岩寺地蔵尊縁起霊記」であり、同寺に保管されているとのことであるが実物は見ていない。なお、先の縁起の後には、よく人口に膾炙《かいしゃ》している、正徳五年（一七一五）の毛利家に仕える女中が裁縫のさ中折れた針を飲み込んでしまい、同家出入の西順なる人物が御影を飲ませると、針の刺さった御影を吐き出した、という霊験のシーンが続くのであるが、「地蔵霊場」には記されていない。

ところで、『江戸砂子温故名跡誌』に「はやり地蔵」とあるように、十八世紀半ば頃には高岩寺の地蔵はあまねく知られていたことがわかる。そうして『武江年表』寛延三年（一七五〇）の項には「二月十五日より、下谷高岩寺地蔵尊開帳」と記され[7]、また安政三年（一八五八）二月の項に「同二十四日より六十日の間、下谷高岩寺延命地蔵尊開帳（世にとげ抜地蔵といふ）」[8]とあり、二月に開帳が行われていたこと、『続江戸砂子温故名跡誌』には印像地蔵と記されていたものが、一世紀あまり経った十九世紀半ばの時点ではとげぬき地蔵の名が定着していたことがわかる。

さて、近世の寺院移転政策は近代にも引き継がれ、東京府は明治二十二年（一八八九）告示第三七号「東京市区改正設計」を出し、寺院と付属する墓地を市内一五区外へ移転させることにした。高岩寺も明治二十四年（一八九一）、旧国電上野駅建設のため立退きを命じられ、北豊島郡巣鴨町二丁目の現在地に移転した。こうした移転に伴う高岩寺側の対応について川添は、明治三十一年（一八九八）に寺院側から東京府知事宛に提出された「寺籍財産等明細書」に分析を加えた上で、次のように指摘している。[9]

それまで境内の地蔵堂に祀られていた通称とげぬき地蔵尊を本尊とし、本来の釈迦如来は位牌堂本尊に納め、巣鴨移転後の本堂の堂楣に、「延命地蔵」の金字額を掲げて、本尊はとげぬき地蔵であることを明示した。鎮守もそれにふさわしくするため、巣鴨移転とともに、下谷時代の鎮守魔利支天は本堂に納め、小僧稲荷を境内の守護神とし、それを宣伝するための縁起をつくりひろめた。

このように、明治に至って東京周縁に移転を余儀なくされた高岩寺は、この地に根を張るべく体勢を整えたのである。

二　とげぬき地蔵にみる世相

(1)明治期から第二次世界大戦まで

新天地であまねく知られるに至るまで寺院側が苦戦を強いられたこと、加えて、当時マスコミ報道がそれほど盛んではなかったため、この時期の記事は四篇にすぎない。最初のそれは、「とげぬき地蔵の開帳」と題する明治四十年（一九〇七）三月五日付の記事である（表10－10）。

府下巣鴨町高岩寺にて来《きたる》四月廿日より同廿四日までとげぬき地蔵尊の開帳をなし四月十日に地蔵講式及び開祖三百年忌法会を営み同十七日には中回向をなし日露戦役及び品川沖遭難者追弔会を行ひ同廿四日には結願にて大般若経大祈祷を行ふ由

四月十日から二十四日と長い期間にわたる行事で、法会も盛りたくさんであるが、日露戦役戦死者追弔会等が含まれている所に明治末らしさがうかがえる。ただし、記事は事実を伝えるだけの簡潔なものである。二篇目は大正六年（一九一七）十二月三十一日の「新年　恵方まゐりは巣鴨とげぬき地蔵」なる二行広告である。「初詣で」と称さず、「恵方まゐり」と記されている所に江戸の名残りがうかがえる。ただし、大正期当時わざわざ広告を出さなければならなかったほど参拝者が少なかったのか、そのあたりは不明であるが、大正七年（一九一八）三月十六日付記事「とげぬき地蔵の慈善市」なる小記事（表10－3）からわかるように、社会活動を積極に行い、その存在をアピールしようとしていることがうかがえる。

そうして戦前期にはすでに東京屈指の盛り場として賑わいを見せるに至っていたようで、そのことは昭和十三年（一九三八）十二月二十五日付「御利益あらたか　巣鴨地蔵通」なる記事によって知られる（表10－4）。「『お地蔵様が頼みの綱です』とは巣鴨のとげ抜き地蔵を中にはさんだ同地蔵通商店街の弁」で始まるこの記事によれば、「ここの縁日には一日に二十万人からの人出がある」という。とげぬき地蔵の最盛期は昭和十年前後と昭和五十年前後とされており、この頃は一つのピークであった。明治末から現ＪＲや都電といった交通機関が徐々に整備され、昭和四年（一九二九）には関東大震災後の復興計画によって新中山道（国道一七号線）が開通した。これによって高岩寺は境内のほぼ半分を失ったが、旧中山道はそのまま残り、高岩寺参道の機能を果たす「とげぬき地蔵通り」と装いを新たにした。寺院や商店街の布教・宣伝活動も功を奏し、押しも押されぬ盛り場となったのである。ちなみに、ふつう地蔵の縁日といえば二十四日と相場は決まっているが、ここの縁日は二十四日に限らず、毎月四のつく日となっていて、それ相応の人が集まって来る。こうした縁日の設定は、明治三十年（一八九七）に弱冠二十三歳で二十四世住職に就いた来馬道雄氏の発案である。[10] 巣鴨移転後、諸改革を手がけたのも同氏であり、中興の祖と称される所以である。

表10　巣鴨とげぬき地蔵関連記事一覧（「朝日オンライン記事データベース聞蔵ＤＮＡ」より）

	日付	誌面	記事名
〔第二次大戦前〕			
1	一九〇七年（明治四十）三月五日	東京／朝刊	とげぬき地蔵の開帳
2	一九一七年（大正十六）十二月三十一日	〃	（広告）巣鴨とげぬき地蔵　新年恵方まゐりは
3	一九一八年（大正七）三月十六日	〃	とげぬき地蔵の慈善市
4	一九三八年（昭和十三）十二月十六日	〃	後利益あらたか巣鴨地蔵通
〔第二次大戦後～一九七四年〕			
5	一九五六年（昭和三十一）十二月十五日	東京／朝刊	〝ことし最後の縁日〟にどっと出
6	一九五七年（昭和三十二）十二月六日	〃	とげぬき地蔵の本堂完成～十四日に遷座祭～
7	一九五八年（昭和三十三）六月二十五日	〃	にぎわうとげぬき地蔵の縁日
8	一九六四年（昭和三十九）一月五日	〃	戦後最高の人出　とげぬき地蔵初縁日
9	一九六四年（昭和三十九）七月三日	〃	真夏を呼ぶ七夕祭り　巣鴨とげぬき地蔵通り
10	一九五四年（昭和四十）一月五日	〃	無病息災を祈る線香が二万本　巣鴨とげぬき地蔵
11	一九六八年（昭和四十三）十二月五日	〃	とげ抜き地蔵　ご利益求め5万人
〔一九七五年～一九九九年〕			
12	一九七五年（昭和五十）一月五日	東京／朝刊	不況を清めて　巣鴨の洗い観音　初縁日にぎわう
13	一九七九年（昭和五十四）六月一日	東京／夕刊	歳時拝見　とげぬき地蔵の縁日
14	一九八二年（昭和五十七）二月九日	〃	参拝客の悩み相談　とげぬき地蔵の生活館「こころ」特集

	日付	誌面	記事名
15	一九八八年（昭和六十三）六月二日	東京／朝刊	とげぬき地蔵周辺のおばあさん百態　日本生活学会が考現学調査
16	一九八九年（平成元）三月十九日	〃	おばあちゃんの原宿　川添登著（ブックス）
17	一九八九年（平成元）十月十五日	〃	巣鴨とげぬき地蔵通り商店街に「浮世絵通り」　シャッター飾る五〇枚
18	一九九四年（平成六）一月二十五日	東京／朝刊	巣鴨とげぬき地蔵の由来を絵本で紹介　親子読書会が出版
19	一九九四年（平成六）五月二十五日	〃	洗い観音に長い列　豊島区巣鴨の高岩寺
20	一九九五年（平成七）一月二十四日	東京／夕刊	巣鴨の「とげぬき地蔵」で新年最初の大祭（きょう）
21	一九九五年（平成七）四月二十二日	〃	みんな友達　東京・巣鴨（都市空間）
22	一九九五年（平成七）五月二十日	〃	巣鴨・高岩寺洗面所　針や糸まで備えて（街角）
23	一九九六年（平成八）二月十六日	〃	とげぬき地蔵　老人の解放区（東京探見九一）
24	一九九八年（平成十）三月六日	〃	東京・巣鴨で占師が刺殺される
25	一九九九年（平成十一）四月九日	〃	ほのぼの巣鴨の春　初対面でも話がはずむ「とげぬき地蔵」
26	一九九九年（平成十一）十二月十七日	〃	巣鴨とげぬき地蔵で無料寄席　地元信金主催　盛況で八年目
〔二〇〇〇年～二〇一〇年まで〕			
27	二〇〇〇年（平成十二）三月十五日～四月二十三日	東京／朝刊	「お地蔵さんは見ていた　巣鴨の春」シリーズ10回
28	二〇〇〇年（平成十二）三月十六日	〃	参拝客はご用心　スリ容疑者逮捕　巣鴨とげぬき地蔵で

	日付	誌面	記事名
29	二〇〇二年（平成十四）三月三十一日	東京／朝刊	「とげぬき地蔵」の耳かき職人（天声人語）
30	二〇〇六年（平成十六）四月七日	〃	おばあちゃんの原宿　東京・巣鴨「とげぬき地蔵尊」「庶民派」住職が逝去していた
31	二〇〇九年（平成二十一）四月二十一日	東京／夕刊	（DAYS）健康の「とげ」抜く禁煙寺　医師の住職が取り組み東京・巣鴨の高岩寺
32	二〇〇九年（平成二十一）八月十九日	東京／朝刊	（風は吹いているか）巣鴨　後期高齢者だなんて
33	二〇〇九年（平成二十一）十月六日	東京／夕刊	（TOKYO TIME 食24）午前九時　巣鴨地蔵通り　客もお店も早起きな街
34	二〇一〇年（平成二十二）九月十七日	東京／朝刊	次期首相にふさわしいのはどっち、「世論」の正体・週刊朝日が巣鴨・新橋で聞く

(2)戦後から高度経済成長期まで

高岩寺は戦災によって全焼したものの、ご本尊の延命地蔵は焼失を免れ、西巣鴨の清厳寺（曹洞宗）に安置されていたが、終戦の翌年仮本堂が建てられ遷座し、それから一一年経ってようやく本堂が完成して十二月十四日に遷座祭が執行された（表10－6）。この時期は、戦後復興期から高度経済成長期へと向かう時期であり、縁日の賑わいぶりを報ずるものが目立つ。昭和三十一年（一九五六）十二月十五日付「〝ことし最後の縁日〟どっと人出」によれば、六万の人出で賑わい「〝万病にきく〟という大香炉のホノオの前でふところをポンポンとたたいている四十男は年越の財布の悩みかマスクをあぶってはやりの流感退散を祈っている人もいる」と記している。そうして最後に「この地蔵が一番混むのは一月四日の縁日。十万以上の人波が真赤に焼けた香炉めがけてつめかけるのだから、巣鴨署ではいまからハラハラ。前々から香炉のまわりにサクを作ってほしいと寺へ申入れているが、サク越しのホノオでは霊験が減るのか、一向具体化しないとこぼしている」と結んでいる。今日通常の縁日で参詣数五万人弱、初縁日等は一〇万人を集めるが昭和三十九年（一九六四）一月五日の初縁日には、戦後最高の一五万が押しかけたという（表10－8）。翌昭和四十年（一九六五）の初地蔵もやはり一五万人の参詣客で混雑を極めた。一月五日付「無病息災祈る線香が二万本」なる記事内容は次の通りである。

「混雑していますのでどなたも簡単に願います。ご利益は同じですから」――四日豊島区の巣鴨とげぬき地蔵の初縁日は〝無病息災、家内安全〟を願う善男善女で大にぎわい。事故に備える警官や消防署員が寒風に声をからした。すべての罪とがをのぞいてくれるという同地蔵の人気は、都内近県から信者を集め、新年はじめての縁日は国電巣鴨駅から同地蔵まで、人の列が切れ目なく続いた。境内中央の線香台は二メートル近い炎をあげ老若男女が線香の束をたて続けに投げ入れる。「お嬢さん、髪の毛がこげますよ」と隣りの人がドナっても無我の境地。「今年こそ結婚できますよう……」。この日線香二万本がさばけ、人出も日没まで約十五万人（巣鴨署調べ）をかぞえた。

香炉の線香の煙は、本来身体のケガレを祓い、仏に接するに足る身的状態にするためのものであるが、何やらご利益のあるものと考えられていることがこれらの記事から察せられる。いずれにしても、戦後の復興期を経て、高度経済成長とともに人出がうなぎ昇りであったことが知られる。しかしながら、洗い観音に関する記事は見当たらず、「おばあちゃんの原宿」なる呼称も未だ登場しない。

(3) 高度経済成長期以降

まず平成十一年（一九九九）までの前期の記事を眺めて見ることにする。

本尊は言うまでもなく延命地蔵（とげぬき地蔵）であるが、境内には先に触れた小僧稲荷が本堂に向かって境内左手にあり、そばに子育て地蔵、洗い観音が祀られている。洗い観音はいつも長蛇の列で順番を待ち受ける人で混雑している。明暦の大火後祀られたようであるが、信仰レベルではそう目立った存在ではなく、新聞記事に登場するのも高度成長以降である。昭和五十年（一九七五）一月五日付「不況を清めて　巣鴨の洗い観音　初縁日でにぎわう」なる記事（表10－12）と、平成六年（一九九四）五月二十五日付「洗い観音に長い列　豊島区巣鴨の高岩寺」なる記事（表10－19）がそれである。前者には、「洗い観音は、頭が痛ければ頭を　胸の病には胸を、水で清めてたわしでこすると霊験あらたかとか。ことしは正月早々、かぜがはやっているうえ、不況で頭の痛い人が多いのか、この寒空を、一日中、バシャ、ゴシゴシと、全身を洗われ続けていた」とある。「不況を清めて」のタイトルは新聞記者のシャレにすぎないが、オイルショック後であることとかかわるのか、参拝者数は前年より二万人多い一七万人だったという。一方後者の記事では、一通り境内の賑わいに言及した後、「『洗い観音』は一昨年、顔が擦り減ってしまったため新しいものにかえ、道具もたわしからタオルにした」と記されている。墨田区両国回向院（浄土宗）のねずみ小僧次郎吉の墓や、遠州森町の森の石松の墓を彷彿とさせる人気振りであるが、強運にあやかりたいという後二者の信仰とは異なり、病気にさいなまれている人の夥しさ、切実さが伝わってくる。

とげぬき地蔵には、病気平癒祈願のほか、身寄りもなく孤独な老人、あるいは何かしら悩みを抱えた人々が、話し相手を求めたり悩み解決の糸口を求めてやって来る人々が少くない。平成七年（一九九五）五月二十日付「みんな友達　東京巣鴨（都市空間）」なる記事（表‐21）には、「とげぬき地蔵がある高岩寺境内のベンチは円形で、内側を向いて座る。若者が集まる街では見られないスタイルだ。若いカップルは何か変」と敬遠するが、お年寄りたちは「おや、これが当たり前でしょ」とある。同じ悩みを抱えた者同士、ちょっとした会話を交わすことで共感を覚えたり、何となく心癒されるものがあり、話しかけ会うのに便利になっているのだろ

写真24　洗い観音

う。平成十一年（一九九九）四月九日付記事（表10－25）「ほのぼの巣鴨の春　初対面でも話がはずむ『とげぬき地蔵』東京」もそのことを報じたものである。同記事は、「心のとげを抜く」ことを目的に昭和三十四年（一九五九）に開設された、山門横にある〝とげぬき生活館〟なる無料相談所のことにも言及している。

大学教授らが相談を買って出る。来訪者の平均年齢は六十歳ぐらい、八割が女性だ。館長の三和一博さん（六七）が、四十年の歴史を、主な悩みごとの移り変わりで言い表してくれた。開館後まもなくは、「夫が亡くなった。私の分も息子に相続させたい」。だんだん家族関係がぎくしゃくしてくる。「登校拒否の孫を学校へ行かせる方法を教えて」「夫が死んだが、息子や娘には相続させたくない。お金を持っていれば大切にしてくれる」。バブル景気のとき。「アパートの立ち退きを迫られている。助けて」。近ごろ。「手形が割れない」「とにかく聞いてくれ」。地元中小企業の経営者が目立つ。おばあちゃんたちだけの巣鴨ではない。

このように記されているが、無料相談所だけに多様な問題を抱えた人が訪れていることがわかるし、その内容が世相を投影していることも理解できた。とりわけ気になったのは「家族の崩壊」と言われた時期のものである。今や「無縁社会」なる用語も生まれている。この種の相談がどのように変わって来たのか気になるところである。昭和五十七年（一九八二）二月九日付の記事（表10－14）「参拝者の悩み相談、とげぬき地蔵の生活館『こころ』特集」も興味深いが、このとげぬき生活相談所をめぐっては三節で改めて取り上げる。

先の記事には、「おばあちゃんたちたちだけの巣鴨ではない」とあったが、参拝者の圧倒的部分はおばあちゃんたちが占めているのは確かであり、現に「おばあちゃんの原宿」という異名を持っている。冒頭で引用した生活学会関連記事（表10－15・16）から、その頃までにはこの名が定着していたものといえる。その『おばあちゃんの原宿　巣鴨とげぬき地蔵の考現学』（平成元年〈一九八九年〉刊）には、「一〇年ほど前からおばあちゃんたちが著しく増加し、最近にいたって〈おばあちゃんの原宿〉とよばれるようになった」と書かれている。[11] 即ち一九八〇年代になった頃からおばあちゃんたちの人出が増えた模様であるが、ウエストにゴム入りのスラックス、モンスラが巣鴨で考案され世に出た時期と対応する。とげぬき生活館現館長坂口順次氏によれば、ある寿司屋の主人が「地蔵通りの賑わいは原宿並だ」と表現したことが一つのきっかけとなって「おばあちゃんの原宿」なる名称が生れ、一九八〇年代半ばにはマスコミにもこの名がしばしば登場するようになったという。

こうしておばあちゃんを中心とする高齢の参拝者が多くなると、迎える高岩寺や巣鴨地蔵通り商店街はそれなりの対応を示した。寺院側は冷暖房完備の無料トイレを設置し、車椅子専用のトイレを用意するほか、電動ドア、緊急ブザー等を設置し、さらには下着やおむつ、針や糸、救急箱まで備えた（平成七年〈一九九五〉五月二十日付「巣鴨・高岩寺洗面所　針や糸まで備えて（街角）」表10－22）。一方商店街では、年寄りが段差でころぶのを懸念して片方（南側）の通りには歩道を設けないようにした。こうして平成八年（一九九六）二月十六日付記事（表10－23）「とげぬき地

蔵　老人の解放区（東京探見九二）」なる記事が書かれるに至るのである。ここには、急ぎ足で参拝した後、連れ立って商店街へ繰り出し、おしゃべりを交わしながら買物や飲食を楽しむ年寄りの姿が描かれている。先の生活相談所の存在等と合わせて考えると、光と影、悲喜こもごもが交差する空間、それがとげぬき地蔵といえよう。

平成十二年（二〇〇〇）三月十五日から四月二十三日に至る一〇回のシリーズ「お地蔵さんは見ていた　巣鴨の春」は、そんなとげぬき地蔵に集う人々、とげぬき地蔵を支える人々の人間模様を描いたものである（表10－27）。

(1)境内に交差する人生
(2)お参りせずに話の花咲かす
(3)聴き手と一体、広がる和音（ハーモニカの音色＝筆者註。）
(4)ホームレス、友情を再び紡ぐ
(5)営業部長から　義理の世界へ
(6)手品も上手な懐メロの達人
(7)ニーズとらえてヒット商品
(8)娘が受け継ぐ、父のあんパン
(9)漂う悩みに耳を傾ける　教授や僧（とげぬき生活館相談所を扱ったもの＝筆者註）
(10)ネット商店に夢託す

このうち⑺〜⑽は参拝者を迎える寺院や商店街の現状やさまざまな創意工夫をこらした対応にメスを入れたものである。タイトルだけしか記さなかったが、およその内容は想像がつこう。

巣鴨とげぬき地蔵は、おばあちゃんを主とする老人の解放空間としての地位を不動のものとした。そのことは、平成十九年（二〇〇七）八月十九日付記事（表10－32）「(風は吹いているか) 巣鴨　後期高齢者だなんて」、および平成二十年（二〇〇八）九月十七日付記事（表10－34）「次期首相にふさわしいのはどっち、『世論』の正体・週間朝日が巣鴨・新橋で聞く」によって明らかである。前者は、後期高齢者医療制度に対する見解を、巣鴨で老人から聞き及ぼうとする内容のものである。マスコミは、老人の見解を確認するなら巣鴨で、サラリーマン層を対象とするなら新橋で、若者なら渋谷というように取材先をほぼ決めており、巣鴨は年寄り層取材の恰好の場所としての地位を確保したのである。

三　とげぬき生活館相談所の活動から

昭和三十四年（一九五九）に開設された同所の活動概要については、表10－25の記事で既に触れたが、改めて近年の活動状況を見ることにしたい。

発足当初は、地域の人々や参詣者の生活ニーズに対応したよろず相談活動であったが、現在では宗教相談、法律相談、人生相談の三つの領域に分け、僧侶・弁護士・臨床心理・教育・社会福祉の各専門家が連携しながら相談に応じているという。ここでは、平成二十年度（二〇〇八）の活動記事から、人生相談についてのみ取り上げる。(12)

来館者のうち女性が全体の八四パーセントを占め、しかも高齢者が多く、特に七十五歳以上の後期高齢者は三〇パーセントに上る。来談者の居住地は、豊島、文京、北、練馬区といった、近隣からが全体の半数となっており、都内他の区や多摩地方が約三〇パーセント　埼玉県から一一パーセント、以下千葉、神奈川となっており、北関東方面からも来所している。相談件数は六四五件と近年少しずつ増える傾向にある。

人生相談の中で約半数の三八四件に及ぶのが、(1)個人の心の問題で、参考意見を聴き、自立への整理と問題解決へ向かう積極的なタイプは約五八パーセント、癒しを求めて、愚痴こぼし、合わせて二七パーセントという数字を示している。(2)親子関係の相談は四〇件、相互の信頼関係を損なっている不和が多いと指摘している。

問題は(3)の家庭問題（一二六件）とも関係するが、高齢の母親（来談者）の職につかない息子への心配、娘の将来の心配、兄弟姉妹や嫁姑の関係が目立つという。相談員のA氏は最初の件について、「私の面接した方には、だらしない息子、しかも四十歳を越えて未だに独身、さらに定職につかないまま。老母に『おんぶにだっこ』というおばあちゃんからの相談がありました。このような事例はよくあるようで、他の相談者からも幾つか聴きました。『しっかりばあさん、駄目息子』と言ったらよいでしょうか」と述べている。(13)

(4)夫婦問題は四七件に上り、不倫の問題も増加したが、高齢者に関して言えば、離婚が老後の生き方の一つの選択肢と考えられており、しかも昔と違って妻側からの離婚相談が多く、夫の定年退職を機会に退職金の一部を貰って別れたという定年離婚が一つの流行のようだと見ている。(14)

(5)高齢者問題（九四件）では、生き方の相談、特に不安と寂しさをもちながら人生設計をどのようにしたらよいか、といった相談が多く、また介護する側からの相談も多いという。高齢者の「孤独」が相談の中で重要な位置を占めるようになったのは昭和五十七年（一九八二）年あたりからのようである。相談員のＢ氏は「若いときは舅姑に仕え、老いては子に従う、という生活規範をもって生きて来られた今の高齢者の方々は、（中略）最初は、子どもが面倒をみてくれないとか、世の中が間違っているというような、義憤に満ちた怒りをぶっつけてきます。（中略）しかし、やがてその子どもにも世話になりたくないと、現在の子どもの生活に自分は合わせられないと嘆き、結局自分は一人、孤独なのだと感じられ、その寂寞感は何とも言いようのない『さびしさ』を表情にあらわされます」と述べている。(15)老人の不安といらだち、そして相談員のやるせなさがひしひしと伝わってくる内容である。

このほか、(6)福祉・保健に関する相談二六件、(7)職場関係（人間関係のトラブル）三九件となっている。

なお、とげぬき生活館相談所としては「問題解決への情報提供や気持の整理を手伝うだけである」「相談者は自分の立場をしっかり認識し、自らの解決の糸口を見つけて欲しい」「面談が終わると嘆き節のおばあさんも多くは元気になっていく」というのが現館長坂口氏の弁である。

結びにかえて

巣鴨とげぬき地蔵は、慶長年間に神田明神下に創建されたが、明暦の大火によって下谷屏風坂下に移転した。その年代は不詳であるが、十八世半ば頃には「印像地蔵」の名で世に知られるようになった。この「印像地蔵」については、享保十三年（一七二八）に田付氏が自らの経験をまとめた「下谷高岩寺地蔵尊縁起霊記」の冒頭に記されている。ただし十九世紀半ば頃には、「世にとげ抜地蔵といふ」と『武江年表』にあるように、縁起書の後半部分、即ち折れた針を飲んでしまった毛利家の奥女中と西順がからむ霊験にちなんだ名称で知られるようになった。そうして近代に至って巣鴨への移転を強いられると、従来の本尊、阿弥陀仏に代えて、それまで境内の御堂に祀られていたとげぬき地蔵を本尊とし、境内社も替えるなど、新天地で生きのびるべく大改革を敢行した。そうして、寺院側と商店街の一体となった宣伝（布教）活動によって再び知れわたるようになり、昭和十年前後、昭和五十年前後にピークを迎えた。今日では四のつく日の縁日でも五万人に満たないとされているが、その分縁日以外の日の人出も目立ち、コンスタントに人が押し寄せているというのが現状である。こうした歴史を見ると、流行仏化は必ずしも自然におこったという訳ではなく、時代状況を見据えた寺院側のそれなりの努力と働きかけがあり、それが民衆に受け容れられて流行する、その繰り返しであったように思われる。

ちなみに、巣鴨とげぬき地蔵と門前の商店街が「おばあちゃんの原宿」と称されるようになったのは一九八〇年代である。この頃からおばあさんの参詣客が増え始めたがそれは、ちょうどモンスラが売り出された時期と重なる。この時期は、高齢化社会から高齢社会へと急速に進む時でもあり、[16]こうした時代状況が作用しているのだろう。病気平癒祈願やレジャーを目的とした人、話し相手や心の癒しを求める人々など、おばあちゃんを中心とする年寄り達がそれぞれの思いを抱いて訪れるようになった。信仰レベルでは、洗い観音が混雑を極めるようになったのもこの前後ではないだろうか。高齢者イコール病気持と言って良く、多様なニーズに応えてくれる洗い観音が（イメージ的に）ご利益の特化したご本尊のとげぬき地蔵を凌駕してしまったのである。

寺院や商店街側も、これら年寄りの参詣者に対応すべく、トイレや歩道を整備するとともに、とげぬき生活館相談所なるものを設けた。設立当初はよろず相談の活動であったが、現在は法律相談、宗教相談、人生相談と三つの領域に分けて対応している。しかし、後二者に限定しようという話も出てきているそうである。宗教相談は、仏事・供養に関するものの率が高く、祈祷師との関係、無縁仏に関するものなどがあるものの、相談件数はわずかである。多くは人生相談であり、長寿化にからむ老後の生き方、孤独感と不安感にかかわるもの、家族問題等々三節で概観した通りの内容である。

このように、巣鴨とげぬき地蔵は近代以降の世相が投影された空間であり、今日の老人達の悲喜こもごもが集約された場所と見ることができる。つまりは、高齢社会の諸問題を解明する恰好のフィールドと言えるのであり、今後とも注視してゆきたい。

Ⅷ　地蔵流し考
――千体地蔵を視野に――

はじめに

前章で取り上げた「下谷高岩寺地蔵尊縁起霊記」は正徳三年（一七一三）五月、江戸小石川の田付某氏の夫人が日頃念じている地蔵菩薩の感得によって延令したという霊験譚と、同五年（一七一五）西順なる僧が、地蔵菩薩の絵像札（御影）を、あやまって針を呑んでしまった毛利家につかえる女性に与え、そのことによって針がとれて一命をとりとめたという利益譚を端緒として構成されている。このうち前者の霊験譚は、田付某氏夫人が地蔵の霊夢に従い、一万体の地蔵の御影を印して両国橋上から奉流し、それによって病気が平癒したとするもので、この地蔵仏事を一般に地蔵流しという。すなわち、一寸二分ばかりの地蔵尊像を平常何万何十万と印刷し、それを吉日を卜して読経の後に河海に奉流して、追善供養や悔過、延命、病気平癒等を祈願するというものである。

地蔵信仰の先駆的研究者である真鍋広済は地蔵流しの起源をこの正徳三年の霊験譚に求め、(1)次のように述べている。(2)

江戸で起つて関東で栄えた地蔵流しは、京都で起こつて関西に盛行した地蔵盆（地蔵会、地蔵祭）と共に、地蔵信仰の民俗としては東西の横綱格をなしたものであるが、地蔵盆がますます盛大に行われつつあるのに対して、地蔵流しは関東でも関西でも戦後余り行わなくなってしまったことは、これは地蔵信仰の衰退を物語るものであろうか。

確かに、地蔵盆・地蔵祭りは現在でも各地で盛んに行われているが、地蔵流しについてはほとんど耳にしないし、報告・論文の類も皆無に等しい。そこで改めて、地蔵流しの起源と歴史的展開を把握し、フィールドワークに備えたいというのが本章の意図するところである。その現状については、一例だけ静岡市清水区興津井上町・東勝院の事例を報告することにしたい。

一万体云々はともかく、千体仏の歴史は古く、平安時代まで遡るようである。遺品としては、長寛二年（一一六四）に後白河法皇の発願によって造られた蓮華王院（三十三間堂）の一千体の千手観音像が最も名高いという。(3)いずれにしても、観音、阿弥陀、地蔵といった仏菩薩の像を多数同一寸法、同一様式で顕造したものを千体仏と称し、これには彫刻したもの、描画したもの、摺刷したもの等々がある。ちなみに「千体」という数量は、「多くの」といった程度のものとされ、それが「一万体」となっても同じことであるが、多数作善によって功徳を得ようとの信仰がその背景にある。

一　千体地蔵の歴史

真鍋によれば、平安末期の物語『海人の苅藻』に九体の如意輪観音・七仏薬師・九躰の弥勒・千体の地蔵・千手の観音をそれぞれ皆一日のうちに造立したとあり、誇大がすぎると思われるが、千体地蔵の信仰が平安時代の末期から存在したことは明らかだという。その上で、摺仏の千体地蔵としては貞治二年（一三六三）七月から同年十二月にかけて摺られた三重県柘殖・万寿寺のものが最も古く、そのほか室町時代の遺作として奈良・元興寺極楽坊に千体地蔵・千体板地蔵・千体摺仏地蔵（地蔵、地蔵と阿弥陀、地蔵と宝篋《きょう》印塔、いずれも立像）が現存するとしている。(4) 五来重も多くの文献を繙きながら、「印佛がその信仰的手段となったのは多数作善功徳信仰、すなわち庶民信仰がさかんになる平安末期」としている。(5)

元興寺極楽坊所蔵の印仏は、釈迦、阿弥陀、薬師のもの等種類が豊富であるが、時代的には鎌倉中期から、室町初期までのもので、真鍋の指摘とはやや異なる。地蔵関係のものだけ掲げると、

(1)地蔵菩薩座像印仏　紙本墨刷　室町初期
(2)地蔵立像小印仏　紙本墨刷　室町初期
(3)弥陀地蔵立像交互印仏　紙本墨刷　鎌倉末期
(4)地蔵立像宝篋印塔交互印仏　紙本墨刷　鎌倉末期

である。このうち、庶民信仰の実態が判明している(2)について、五来の解説を引用すれば次のごとくである。(6)

像高五、五糎の小印佛で墨が薄墨なので不鮮明でにじみが多い。しかしこれは涙でうすくなったかと思われるほどしかない印仏で「八日アイタイ」「九日アイタイ」「十日アイタイ」と毎月故人追慕の悲痛なさけびをしるしながらの印佛である。これでは涙に目もくれて印刷の上にかさねて印佛を擦したりしてこのように不鮮明な印佛になつたのも止むをえない。この故人がいかなる人かはわからないが紙背文書には信俊の署名がある。

印仏のにじみからの五来の推測にすぎないかもしれないが、死者供養を目的とした印仏であり、奉納者の悲しみは察して余りある。なお、(3)については「庶民は『地蔵は送り、弥陀はうけとる』という死者の極楽への発遣迎接を、この二佛が協力することによって往生をたしかにすることができると信じてこの印佛をおしたのであろう」とし、(4)については、「この交互印刷の信仰内容は宝篋印塔に弥陀地蔵一体信仰によるものであることはうたがいない」と断言している。(7)ともあれ、(3)と(4)も形態は異なるものの同一の信仰に基づくものであり、(2)も含めて死者供養、極楽往生を祈願したものであることが判明する。

一方極楽坊の千体地蔵には、板彫千体地蔵と丸彫千体地蔵の二種があり、後者との関連では、鎌倉の覚園寺（臨済宗）地蔵堂にも室町期のものがあり、安産祈願に借り出して二体にして返すという信仰がある。また、尾張・甚目寺（真言宗）地蔵堂の千体地蔵は極楽坊とはほぼ同じ大きさで、江戸時代初期から明治までの奉納例があるという。それに対して板彫千体地蔵については大原三千院内往生極楽院の長押上にあずけられた例から、納骨五輪塔の納入が始まるとそれに凌駕されて、板彫千体地蔵のかわりに納骨五輪塔が長押に打たされることになり、ここからはずされていた板彫千体地蔵の一部が天井裏へあげられて遺存したものと推定されている。(8)印仏の千体地蔵が死者供養、極楽往生を目的とするものであり、彫刻の千体地蔵もほぼ同類のものと見なすこともできるが、鎌倉の覚園寺のように、現世利益的側面の強いものも存在した。丸彫千体地蔵の奉納は近世以降も見られたようであるが、『地蔵菩薩三国霊験記』『地蔵経直談鈔』『地蔵菩薩利益集』等近世の書物にもその霊験が記され、また、柳亭種彦の「奇妙頂礼地蔵の道行」には、千体地蔵流しを彷彿させる記述があるという。(9)次章では、千体地蔵の霊験譚のうち、地蔵流しとかかわるものに限定した『一万体印造地蔵尊感応記』に焦点を当てて分析を試みることにする。

二　霊験譚にみる地蔵流し

真鍋の『地蔵菩薩の研究』の第五章「地蔵典籍章」には、千体地蔵流しとの関連で『一万体印造地蔵応記』と『地蔵菩薩一万体印行縁起』が取り上げられ、簡単な解説がほどこされているが、前者は文政五年（一八二二）、後者は嘉永五年（一八五二）に刊行されたものである。(10)田中正明によれば、前者には文政五年版本（京都府立図書館所蔵）と、天保十五年版本（國學院図書館所蔵）の別があり、他に刊行不明（大正大学図書館・西尾市立図書館岩瀬文庫所蔵）とが存在するという。[11] 筆者の手もとには田中がその一部を翻刻し、また分析を加えた「『一万体印造地蔵尊感応記』のことども」と題する論文がある。[12] 一方、明治大学図書館が所蔵する『延命地蔵印行利益記』なる霊験譚があって、旧蔵は毛利家であり、版本の後序は江戸本所にあった回向院（浄土宗）十七世得行によるもので、「地蔵尊一万体印造威応記重刻跋」とあって、天保十五年の銘が記されているものの内容的には前者と同一のものである。こちらは圭室文雄が全文翻刻しており、[13] それを元にしながら田中論文を参照するという形で論を進める。その構成は以下の通りである。

地蔵尊感応記目録

○一万体印行縁起大旨
○菩薩田付氏が妻女のため怨霊を除き給ふ事
○毛利家の女針を咽に立しがぬけ出たる事
○尊影一万体印行作法十五条
　　感応事実十三条
○小花和氏伝尸病気治せし事
○神主尾上同病治せし事
○童子短命の報の転したりし事

付録六条

○菩薩うせもののあり所を告給ふ事
　勧請印行称名の事
　　付菩薩御詠歌三首
冒頭に、

「地蔵尊感応記目録」のうち、「菩薩田付氏が妻女のために怨霊を除き給ふ事」および「毛利家の女針を咽に立しがぬけ出たる事」は、『下谷高岩寺地蔵尊縁起霊記』と全く同じものであるが、

　地蔵尊一万体印行感応記は安永年中禅家雲水の僧何某が筆記せる所にして、ひさしく写本にて世に行れ来ぬ。しかるにその本には、田付氏の感得を小花和氏の事実なりと記せり。ことに轉写のあやまりも多かれば、こたびその本拠を江戸高岩寺に聞糺し、その縁起をはじめにうつし（傍点筆者）、次に印行のなしやうをいだしつ。これも写本には、海中乗船、供養荘厳等のまうけ、いと繁雑なれば、いまあらためて簡易にして篤実ならんやうをしるす（後略）

とあって、その理由が判明する。またその内容から毛利家が旧蔵していたことも首肯される。また「地蔵尊一万体印行縁起大旨」には、「抑《そもそも》地蔵菩薩の御影を一万体印行し、河水にうかべ奉る。その由緒を尋るに地蔵大士の御告にて、江戸下谷高岩寺よりはじまれり、彼等より出る縁起にいはく」とあり、件《くだん》の縁起に続くのである。真鍋が地蔵流しの起源を正徳三年に求めるのも、この縁起によるものであろうが、より多くの史資料を検討のうえで結論を出すべきではなかろうか。

次いで「尊影一万体印行作法十五條」では、誰がどのような手順、作法に基づいて印行し、御影をどう流すかに至るまで、微に入り細に入り説明を施している。また、「感応事実十三条」と「付録六条」を合わせて霊験譚は一九話である。これについて田中は、「その話は病気の治療に関するものが一三話と過半であり、他に蘇生譚が含まれていることに留意させられるのである。畢境、失せ物を探し出したとする二話を除いて、いずれもそれは延命譚として理解できるのである」と指摘している。(14) 旧毛利家所蔵の明治大学図書館本が『延命地蔵印行利益記』と題する理由もそこにあるが、いずれにしても現世利益譚が多いのが特徴である。ここでは、現世利益譚と蘇生譚を各一例ずつ紹介しておくことにしたい。

〇熊屋の妻傷寒なほりし事

明和七年庚寅の春正月豊後鶴崎竜興寺門前にて熊屋佐次兵衛といふもの、妻陰症の傷寒にて正気をうしなひ譫語のみいふて絶食五六日に及べり、医療工をつくせともしるしなく、必死なりとて皆々愁歎かぎりなし、十三日に来まして、佐次兵衛に此大士の利益のことともをかたりければ大に歎喜していそぎ印行せんとてかの板木をかり来りて催しける。それゆえかの僧も一族とともにとめ営ける。その夜初夜に漸く千五百躰ばかり成就せり、然るに病婦みづかり起直りて、南無地蔵大菩薩と唱しこゑ在座の人々きかさるものなし、それより正気づきて食をもとめければ、皆々力を得て暫時も退轉せずして、十四日即日会場にうかべ奉りければ、病人日を追て快くなりてほどなく平復しける。

○童子冥途にて菩薩の済度に預る事

又大阪《（ママ）》の町家に有徳人あり、此大士の霊験を聞て、我今世に於いてます〳〵大福徳栄花の身ならんと思ひ、子がひの丁稚に一萬躰大士の尊影を印行せよと言附て、其身は昼夜強欲にほこりて、無道のことのみ行ひてありけり。彼丁稚子心に信なく、ただ主人の命なれば是非なく印行するとて、うはの空なる意にて小哥などうたひて、退屈まじりにおよそ三千躰ほど印行してつく〴〵思ふやう、我主人の云付なれは、ぜひなく印行すといへども、菩薩のことなれば小哥なとうたひけるは勿躰無くあさましや、地蔵尊の名号を念しなば退屈も返りておこるまじと思ひ、それよりは寶号をとなへ五躰ばかり印行しけるが、はからず頓死せり、家内皆々あはて驚き、とやかくと見あつかひしに、ほどなく蘇息て、さてさてうれしやといひける故、皆々よろこびれいかゝありけるそと尋れば、丁稚答ていふ、我地蔵尊を印行しながら深き井戸の内に入ると思ひしが、忽ち廣き野原に行かゝれり、あまりひろき所ゆへこはいかなる所そと思ふ中に、何國よりか青鬼来り我をとらへてしばらんとす、あまり恐ろしく逃んとすれどもおもひにまかせす、向を見れば僧衆数十人立ならひ居給ふ故大声に助給へとよひさけべとも、かの大勢の僧衆にこ〳〵と打笑ひて見て斗り居給へり。その中より御僧五六人走出て錫杖をもて彼鬼を打給へは、その鬼いつこともなく逃失けり。我嬉しく思ひて彼御僧に向ひ礼しければ、御僧の給はく、汝か主人は強欲無道にして未来のことは露も思はす。現世の栄花斗りを願ふものにて、死後かならず餓鬼道に落べし。汝娑婆に帰りて此趣をよく〳〵主人に告へしとの給ふゆへ、我その御僧にむかいて主人の餓鬼道に落給ふこと何とぞ逃れやなきことに候やと問奉れば、答ての給はくそれこそ易きことなれ、慈悲に心を発し物をめぐみ、殺生邪欲を止、三寶を崇敬すへし、且此地蔵の尊影を真実に印行せば、餓鬼道をはなるゝ事はいふに及ばす、たとひ十悪深重の者なり共、永三途の難所をのかれて、遂に無上ほたいにも至べしと。我又問申せしは、大勢の僧衆おわしながら我を助けんともし給はず、只打笑みて見て斗りゐ給ふはいかなることぞ、またその中御僧五六人る殊更に我をすくはせ給ふも何なる因縁にやと申は彼御僧答給はく、向ふに大勢ゐ給ふは、汝が印行せし所の地蔵尊なり汝元来宿悪ありて死して地獄に堕べけれとも地蔵を印行したる功力にて、かく来現し給ふなり、しかれども汝名号をもとなへず、小哥まじりに印行せしゆゑこゝにのみ出て助けくべきほとの縁なし、さればただ見てのみゐ給ふなり。しかるに我等五六輩は汝の名号をとなへて印行し、その功徳にて、今出て助る也、さらばはやく娑婆に帰りて此事を主人にかたり聞せよと告給ふと覚へて、目をひらきみれは皆々傍にあり歎き給ふなり、とかたりけれは、主人これを聞て大に驚き信心開発し、家内打寄て尊像一万躰印行供養し深く因果を信し、それより善人となりにけり

以上、豊後と大阪の（摂津）の事例を一つずつ取り上げただけであるが、このほか出雲、加賀、近江、京都（山城）が霊験譚の舞台となっている。江戸のそれは一例のみであり、京阪をはじめ

として西日本のものが多い点を指摘しておきたい。

三　静岡市・東勝院の地蔵流し

近代以降第二次世界大戦あたりまでは、震災・水難死者、戦死者等の供養を目的に地蔵流しは函館から京都に至る各地で行われた模様である。(15)しかし、それ以降の報告例は少く、管見の及ぶ限りでは、石川純一郎報告の静岡県下の薩埵《さった》地蔵流しだけである。この行事は、静岡市清水区興津井上町にある薩埵山東勝院（真言宗醍醐寺派）の地蔵まつりに際して行われていたものである。寛政九年（一七九七）刊の『東海道名所図会』に「中古地蔵薩埵の像、この浜（由比西倉沢＝筆者註）より漁夫の網にかかりて上りしより、薩埵山といふ。この峠より左の方五町に薩埵村ありて、村中の東勝院の地蔵堂にこの尊像を安置すといふ」とある。(16)東勝院の本尊は大聖不動明王であるが、山際に地蔵堂があって、高さ五〇センチほどの自然

写真25　静岡市・東勝院

図9　薩埵地蔵尊の御影（東勝院）

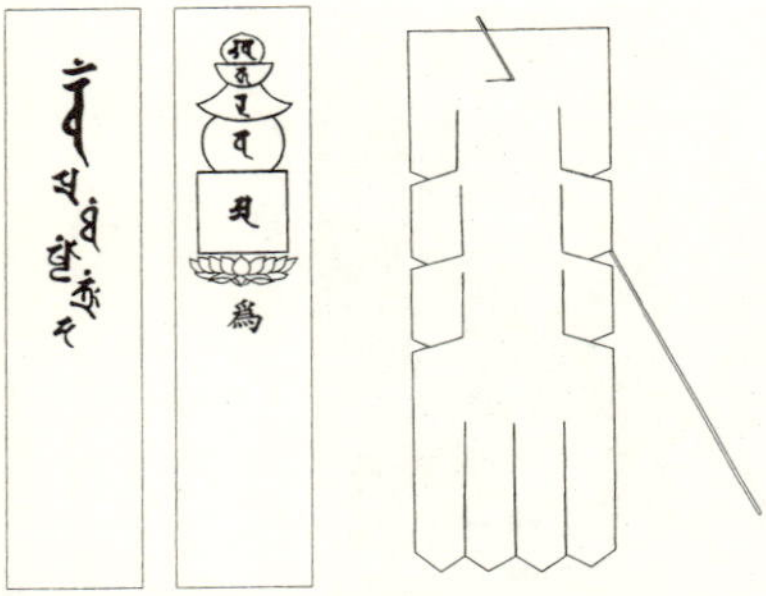

図10　薩埵地蔵の「ヒトガタ」（右）と地蔵尊のお札（右）

石の地蔵菩薩が安置されている。駿河国百地蔵菩薩の第八五番目の札所でもあり、ご詠歌に「野をも過ぎ、山路踏み分け、今ここに、地蔵薩埵の誓いあらたに」とうたわれている。地蔵堂裏手の沢口にはちいさな大師堂があり、この小堂と地蔵堂横に沿って賽の河原が広がっている。ちなみに、「地蔵堂薩埵縁起」なるものが伝えられており、それによって、地蔵は文治元年（一一八五）田子の浦に出現したものであることが判明するものの、いつ頃書かれた縁起で、それを書写した「本寺聖流寺秀達法印」が何者であるか不明である。[17] なお、文久元年（一八六一）刊の『駿河忘料』巻之四六「薩埵地蔵」の項には、「当山に安置し奉る地蔵尊は、自然石の尊像なり、昔文治元年、薩埵山の麓、田子の浦に、海中夜な〱稲妻のごとく光を放つ、ある日海上震動し、波逆立《さかだち》、光明放つ処《ところ》に、海士海中よりいだき上しに、不思議なるかな、地蔵尊の石像なり、よつて山上に安置し、後に今の所に移しける云々」とあってその由来が簡潔に記されている。

地蔵流しは、東勝院における祈祷の後信徒達の参加のもとに行われたが、薩埵峠を徒歩で超へ、由比西倉沢の海上で実施された。つまり地蔵出現の場で行われるのであり、浜降り神事を想起せしめる。この地蔵流しの様相について石川は次のように報告している。(18)

七月二十三・二十四両日の地蔵縁日には、地元清水市（現、静岡市清水区＝筆者註）を始め、静岡市、庵原郡由比町、同蒲原町からも参詣者があまたつめかける。人が亡くなると、その遺族、親族たちは以後一年ないし三年間にわたってこの縁日に参詣する。亡くなった子どものためには賽の河原に石を積み、かつ線香をあげて供養する。また、形見の人形―男子なら天神雛、女子ならば内裏雛一対というように遺愛のものを地蔵堂に納める習俗もおこなわれている。

縁日にあたって、七年目ごとに本開帳をし、十二支の丑、辰、戌の年に本開帳と中開帳を交互におこなう。また、毎年地蔵流しをする。地蔵堂において護摩式をやり、参詣者持参の各家庭の仏壇に祀られていたお札（本尊の御影）を始め紙塔婆と願文を書いた紙人形《かみにんぎょう》を供養する。それから僧侶、参詣者同道のもとに尊体の揚がった由比町西倉沢の漁港へと歩行し、船を漕ぎ出して船上からお札を始め塔婆と人形を海に流す。

しかしながら、供養行事としての地蔵流しそのものは昭和五十年代半ばを最後に中止となった。住職夫人によれば、信徒の高齢化および減少と交通事情の変化が主な要因だろうという。今日では一年間預かった地蔵のヒトガタやお札を信徒が七月二十三日持参し、お寺でお焚き上げをする、という形になっている。

今のところ筆者が確認した事例はこの一つだけであるが「ここばかりでなく、伊豆や遠州の漁村をはじめ、各地の漁村で行われてきたもの」のようであり、(19)今後とも確認作業を進めたい。

結びにかえて

巣鴨とげぬき地蔵の縁起から、千体地蔵・地蔵流しに関心を持つようになり、ここでは特に後者について検討を試みた。真鍋はこの地蔵流しの起源を、『下谷高岩寺地蔵尊縁起霊記』に登場する正徳三年の霊験譚に求めているが、その根拠となる『一万体印造地蔵尊感応記』そのものが、「高岩寺に聞糺し」まとめたものである以上、この史料による限り結論は目に見えている。丹念に史資料を集めて分析し、結論を導くことが必要なように思われる。『一万体印造地蔵尊感応記』の霊験譚の舞台となる地域が、圧倒的に西日本に多いことも慎重にならざるを得ない理由の一つである。

ところで地蔵流しの報告例は少なく、第二次世界大戦後はほとんど途絶えたかにみえる。やっと見出した静岡市・薩埵地蔵のそれも、昭和五十年代半ばには地蔵流しからお焚き上げへと姿を変えていた。そうして地蔵流しに限っていえば、寺院側で用意し一年間各家庭で祀ったものを、紙人形・紙塔婆とともに流すという死者供養に特化した特異なものであった。『一万体印造地蔵尊感応記』にも記された、印造し流す作法ともかなり異なっていた。真鍋が指摘するように、地蔵信仰が衰えたとは必ずしも思っていないが、東勝院の事例以外確認できないとなれば地蔵流しに関してはそう認めざるを得ない。しかし、静岡県下では遠州や伊豆の漁村でも広く行われていたとのことであり、わずかながら希望はある。

ちなみに地蔵と供養との関係でいえば、地蔵尊を本地仏とする伯耆《ほうき》大山《だいせん》の周辺地域では、子供をはじめとする死者供養に参詣し、戒名を書いた四九枚の札を流す流れ灌頂が盛んに行われているそうであり、(20)こうした習俗との関連も視野に入れる必要があろう。

あとがき

筆者が地蔵に関心を抱き、調査・研究を始める契機となったのは、「西郊民俗談話会」への入会である。かつての『民間伝承』は、誰かがあるテーマで投稿すると、それに続いて会員が関連報告や意見を寄せ、情報を交換しながら各自がそれぞれの論を展開していった。その『民間伝承』と同じ役割を、大島建彦先生が主宰する同会の機関誌『西郊民俗』が担っており、一九七〇年代後半当時「廻り（巡行）地蔵」関連の報告が相次ぎ、活況を呈していた。奈良に在住していた駆け出しの頃、それに引きずられて関西方面の報告を再三投稿させていただき、それが『巡りのフォークロア』なる拙い小著へとつながっていったのである。

その後、京都の地蔵盆の報告をまとめたものの、京都六道の辻の閻魔や摂州合邦ヶ辻の閻魔に関心を持つようになり、また東京に戻って深川閻魔や小石川・源覚寺の閻魔を見るに及んで、地獄の盟主が精霊迎えに何故これほど重要な役割を果たすのか、またこれほど現世利益信仰が強いのはどうしてなのか、といった疑問を持ち、そちらへシフトを移してしまった。そのうち閻魔と並祀されている奪衣婆にも同様の疑問を抱いて調べ始めると、姥神信仰という坩堝《るつぼ》にはまってしまった。いずれも難問であったが、謎解きは楽しい限りであった。そうこうしているうちに、地蔵と閻魔、奪衣婆、この三者の関係が（奪衣婆と姥神の関係も）多少見えてくるようになり、それを視野にまとめたのが本書にほかならない。

ちなみに、それぞれの初出は次の通りである。

Ⅰ「地蔵と閻魔――参詣・巡拝習俗を中心に――」(『近畿民俗』一六四・一六五合併号　二〇〇二年、近畿民俗学会)。

Ⅱ「江戸・東京の閻魔と奪衣婆――新宿・太宗寺と正受院を中心に――」(拙稿「江戸東京の閻魔信仰」『現代社会と民俗』名著出版　一九九一年をベースに大幅に加筆修正したものである)。

Ⅲ「奪衣婆信仰の地域的展開――秋田県下の事例を中心に――」(『日本常民文化紀要』二八輯　成城大學大學院文學研究科　二〇一〇年)。

Ⅳ「おんば(御姥)様と奪衣婆についての予備的考察――会津地方を事例として――」(『神・人・自然――民俗的世界の相貌――』慶友社　二〇一〇年)。

Ⅴ「曹洞宗寺院と優婆尊《うばそん》信仰――阿賀野市・華報寺を中心に――」(『地域社会・地方文化再編の実態』成城大学民俗学研究所グローカル研究センター　二〇一〇年)

Ⅵ「新潟市内のウバサマ信仰と講――阿賀野市の華報寺と高徳寺を視野に――」(『西郊民俗』二一一号　二〇一〇年)

Ⅶ「巣鴨とげぬき地蔵にみる世相――新聞記事(一九〇七～二〇一〇年)の分析を通して――」(『下野民俗』同研究会　二〇一二年。)

Ⅷ「地蔵流し考――千体地蔵を視野に――」描き下ろし。

本書では、多様な地蔵・閻魔・奪衣婆信仰のほんの一端を明らかにしたにすぎない。今後引き続いて調査・研究にあたるつもりであるが、地蔵についてはさしあたり、岩船地蔵や伯耆大山信仰における死者供養とのかかわりを手がけたいと思っている。また、奪衣婆（姥神）については越中から北信、越後の中越あたりまでの信仰に関心をもっている。その際、多くの人々と情報交換しながら研究を進展させたいと考えており、本書が地蔵や閻魔・奪衣婆への関心をもつ人々に少しでも役立てばと願っている。

なお、本書の執筆に際しては、各地の伝承者の方々にお世話になった。また、原稿の整理に際しては、成城大学大学院修了生の荒一能氏、さらには多くの現役院生の手を煩わせてしまった。ご協力に感謝の意を表したい。さらには、厳しい出版状況の折、本書の刊行を承諾下さった慶友社の伊藤ゆり氏、編集で何かとご迷惑をおかけした原木加都子氏には末尾ながら記して深謝致します。

二〇一二年八月吉日

松崎憲三

註・参考文献

I　地蔵と閻魔

（1）山田俊夫他校訂『日本古典文学大系二四・今昔物語集三』岩波書店　一九六一年　五〇八〜五一〇頁
（2）薗田香融「閻魔王」『国史大辞典』二巻　吉川弘文館　一九八〇年　四二三頁
（3）頼富本密『庶民のほとけ　観音・地蔵・不動』日本放送出版協会　一九七四年　一〇二〜一〇四頁
（4）頼富本密『庶民のほとけ　観音・地蔵・不動』前掲書　一〇九〜一一一頁
（5）中野照男『日本の美術三一三号　閻魔・十王像』至文堂　一九九二年　一七〜一八頁
（6）五来重「閻魔」『平凡社世界大百科事典』三巻　平凡社　一九八八年　七六八〜七六九頁
（7）鈴木棠三『日本年中行事辞典』東京堂　一九七七年　二三八〜二八五頁
（8）安野眞幸「藪入り源流考」『下人論』日本エディタースクール出版部　一九八七年　六一頁
（9）滝沢馬琴「燕石雑誌」『日本随筆大成Ⅱ期一九巻』吉川弘文館　一九七五年　四三一〜四三三頁
（10）宮田登「『藪入り』考」『江戸の小さな神々』青土社　一九八九年　二六七頁
（11）速水侑『地蔵信仰』塙新書　一九七五年　六三〜七三頁

(12) 三善為康「拾遺往生伝」『続群書類従』八輯上　続群書類従完成会　一九二七年　二六八頁
(13) 佐竹昭宏他編『新日本古典文学大系三六・今昔物語集四』岩波書店　一九九四年　四一〜四三頁
(14) 『源平盛衰記』上　有朋堂書店　一九二七年　一九〇頁
(15) 「資益王記」『新訂増補史籍集覧』第三冊　臨川書店　一九六七年　五六頁
(16) 真鍋広済『地蔵菩薩の研究』三密堂書店　一九五〇年　四一〜四四頁
(17) 朝倉治彦校注『東都歳事記Ⅲ』平凡社　一九七二年　一四二頁
(18) 朝倉治彦校注『東都歳事記Ⅲ』前掲書　一四三〜一四四頁
(19) 朝倉治彦校注『江戸近郊道しるべ』平凡社　一九八五年　三七九〜三八六頁
(20) 松崎憲三『巡りのフォークロア』名著出版　一九八五年　四八〜四九頁
(21) 高橋渉「京都の『六地蔵参り』」『宮城学院女子大学研究論文集』五五号　一九八一年　八〜一三頁
(22) 冨倉徳次郎他編『鑑賞日本古典文学第一八巻　方丈記・徒然草』角川書店　一九七五年　一五五〜一五六頁
(23) 和崎春日「送り火大文字〜万燈の諸相〜」『仏教行事歳時記八月・万燈』第一法規出版　一九八九年　一一五頁
(24) 八木透「珍皇寺の六道参り」『仏教民俗学大系6・仏教年中行事』名著出版　一九八六年

三九七～四〇一頁
(25) 八木透「珍皇寺の六道参り」前掲論文　三九八～四〇一頁
(26) 八木透「京の精霊迎え」『仏教行事歳時記八月・万燈』前掲書　九三頁
(27) 朝倉治彦校注『東都歳事記Ⅱ』平凡社　一九七〇年　九七頁
(28) 朝倉治彦校注『東都歳事記Ⅰ』平凡社　一九七〇年　一〇五頁
(29) 朝倉治彦校注『東京年中行事Ⅰ』平凡社　一九六八年　一二五頁
(30) 橋本てる「ふるさと・志むら」『女板橋に生きて』待望社　一九九〇年　一三五頁
(31) 鈴木ヨシエ「勤労婦人」『女板橋に生きて』前掲書　一二九頁
(32) 佐々木勝也『千住宿民俗誌』名著出版　一九八五年　二頁
(33) 松崎憲三「江戸・東京の閻魔信仰」『現代社会と民俗』名著出版　一九九一年　一九五～二〇三頁
(34) 西山松之助によれば、天保改革によって一時仮眠状態を装うが、文化・文政期から弘化・嘉永期にかけては、江戸町人のエネルギーが旺盛な文化創造を展開した。その象徴が「行動文化」だという。それは「遊芸とか物見遊山・縁日・祭礼・見世物・開帳などへの殺到、あるいは芝居・吉原などのあそび」、さらには参詣の旅、温泉湯治のあそびなど、きわめて広い生活領域にわたっており、これがこの時期の最も著しい特色という（『西山松之助著作集第三巻・江戸の生活文化』吉川弘文館　一九八二年　四一～四五頁）

(35) 松崎憲三「七福神信仰と『宝船』」『歴博』八六号　㈶歴史博物館振興会　一九九八年　一一～一四頁

Ⅱ　江戸・東京の閻魔と奪衣婆

(1) 山野正彦「日常景観の中の恐怖の場所」『正と死の人類学』講談社　一九八五年　三九～四六頁
(2) 坂本要「都市の宗教空間～江戸の寺社～」『歴史公論』七月号　一九八三年　六六～六七頁
(3) 中野玄三「六道絵」『六道絵』京都国立博物館　一九八二年　五七～五八頁
(4) 黒田日出男「地獄の風景」『姿としぐさの中世史』平凡社　一九八六年　一六九～一七七頁
(5) 岩崎武夫「天王寺西門考～しんとくまる伝承の場をめぐって～」『仏教民俗学大系3巻・聖地と他界観』名著出版　一九八七年　一八二～一八三頁
(6) 岩崎武夫「天王寺西門考～しんとくまる伝承の場をめぐって～」前掲書　一八三～一八四頁
(7) 関敬吾『日本昔話大成8巻・笑話二』角川書店　一九七九年　三八五～三八七頁
(8) 宮地武彦編『肥前伊万里の昔話と伝説』三弥井書店　一九八六年　二七九～二八〇頁
(9) 野村純一「人参と欲張り婆さん」『田園祝祭・さと』旺文社　一九八六年　一三四～一三七頁
(10) 五来重『鬼むかし～昔話の世界～』角川書店　一九八四年　一四九頁
(11) 南和男「内藤新宿の発達と繁栄」『江戸四宿』特別展江戸四宿実行委員会　一九九四年　二二〇頁

(12)『石川雅望集』有明堂文庫　一九三四年　四二八頁
(13)『新撰東京名所図会』復刻版　睦書房　一九六九年　一一六頁
(14)『近世庶民生活史料　藤岡屋日記第三巻』一九八八年　三一書房　一三二頁
(15)南和男「内藤新宿の発達と繁栄」前掲論文　二二三頁
(16)新宿歴史館編『新宿区の指定・登録文化財』新宿区教育委員会　一九九四年　四五頁
(17)東京市豊多摩郡役所編刊『豊多摩郡史』一九一六年　一九三頁
(18)異説もあって、四谷の有力家・高力家の先祖なる者の妻女の像と伝えられている。（長沢利明「針供養と奪衣婆～新宿区正受院～」『江戸東京の庶民信仰』三弥井書店　一九九六年　二一一頁。）
(19)新宿区歴史博物館編『新宿区の指定・登録文化財』前掲書　三八頁
(20)長沢利明「針供養と奪衣婆～新宿正受院～」前掲論文　二一二～二一四頁
なお、『御府内寺社備考』の境内図には確かに「九品佛堂」が描かれており、九品佛の他、閻魔王座像、三途川姥（奪衣婆）像、地蔵立像二躰などが祀られていたようである
(21)南和男「内藤新宿の発達と繁栄」前掲論文　二二三頁
(22)富沢達三「正受院奪衣婆の錦絵と世相」『地方史研究』二七六号　地方史研究協議会　一九九八年　三四～五三頁
(23)斎藤月岑『武江年表二』平凡社　一九七五年　一一八頁
(24)おそらく、正受院の奪衣婆の評判を知るに及んで、それにあやかろうとより大きな像を造立し

たものと思われる。しかし、吟窓院なるものは現存しない。

(25) 長沢利明「針供養と奪衣婆～新宿正受院～」前掲論文　二二九頁

(26) 長沢利明「針供養と奪衣婆～新宿正受院～」前掲論文　二二一～二二九頁

(27) 『新撰東京名所図会・小石川区』復刻版　睦書房　一九六九年　四三頁

(28) 松崎憲三「閻魔信仰の予備的考察～小石川源覚寺のこんにゃく閻魔～」『西郊民俗』一一七号　西郊民俗談話会　一九八六年　三～六頁

(29) 『新撰東京名所図会・小石川区』前掲書　四三頁

Ⅲ　奪衣婆信仰の地域的展開

(1) 「仏説地蔵菩薩発心因縁十王経」『国訳一切経　大集部五』大東出版社　一九三六年　三〇一頁

(2) 鎌田久子「ウバの力」『成城文藝』四二号　成城大学文芸学部　一九六六年　八頁

(3) 柳田國男「日本の伝説」（『定本柳田國男集』二六巻　筑摩書房　一九七〇年）一三七～一四五頁

(4) 川村邦光「奪衣婆の出現」『地獄めぐり』ちくま新書　二〇〇〇年　一七四頁

(5) 中野照男編『日本の美術』三一三号、「閻魔・十王像」特集　至文堂　一九九二年　一七～一八頁

(6) 川口久雄「立山曼陀羅と姥神信仰」『金沢大学日本海域研究所報告』五号　金沢大学日本海域研

究所　一九七三年　一七四～一七八頁
(7) 川口久雄「立山曼陀羅と姥神信仰」前掲論文
(8) 丸井澄「奪衣婆の形態について」『歴史考古学』一号　歴史考古学研究会　一九七八年　三五頁
(9) 丸井澄「奪衣婆の形態について」前掲論文　三六～三八頁
(10) 熊本県教育委員会編刊『熊本県文化財調査報告書第一二五集・熊本県未指定文化遺産調査Ⅰ』一九九二年　一六三～一六四頁
(11) 川村邦光「奪衣婆の出現」前掲論文　一五〇～一五五頁
(12) 石破洋「わが国における十王経～奪衣婆の所伝を中心に～」『仏教文學』一号　仏教文学研究会　一九七五年　三五～三八頁
(13) 石破洋「わが国における十王経～奪衣婆の所伝を中心に～」前掲論文　三四～三五頁
(14) 久下正史「奪衣婆を持つ聖」『漂泊の芸能者』岩田書院　二〇〇六年　九九～一〇九頁
(15) 菅江真澄『菅江真澄遊覧記』Ⅰ（内田武志・宮本常一翻訳）平凡社東洋文庫　一九六五年　一一七～一五三頁
(16) 近藤源八『羽陰温故誌』（『新秋田叢書』六　歴史図書社　一九七六年）二五一～二六八頁
(17) 大島建彦「小野のふるさと～秋田県雄勝郡の小町伝説一、二～」『西郊民俗』七三、七四号　西郊民俗談話会　一九七五年　六～九頁、一九七六年　一三～一五頁。錦仁『浮遊する小野小町』笠間書房　二〇〇一年　一～四九三頁

(18) 秋田魁新報社編刊『秋田のお寺』一九七六年　一三二頁
(19) 近藤源八『羽陰温故誌』前掲書　一四九頁
(20) 安藤和風他編『秋田縣案内』佐々木次郎刊　一九〇六年　三一二頁
(21) 柳田國男『日本の伝説』前掲論文　一四四頁
(22) 内田武志・宮本常一編『菅江真澄全集・第八巻』未来社　一九七九年　三〇～三一頁
(23) 錦仁『浮遊する小野小町』前掲書　一五四頁
(24) http:// www.busshi.com/4-2.htm
(25) 秋田魁新報社編刊『秋田のお寺』前掲書　一三二頁
(26) 嶋田忠一「正乗寺の優婆様」『伝承文化』四号　民俗調査の会　一九九一年　二五頁
(27) 嶋田忠一「正乗寺の優婆様」前掲論文　二五頁
(28) 嶋田忠一「正乗寺の優婆様（承前）」『伝承文化』五号　民俗調査の会　一九九一年　二七～二九頁
(29) 嶋田忠一「正乗寺の優婆様（承前）」前掲論文　二九頁
(30) 錦仁『浮遊する小野小町』前掲書　一七九～一八一頁
(31) 大島建彦「小野のふるさと～秋田県雄勝郡の小町伝説二～」前掲論文　一五頁
(32) 中野照男編『日本の美術』三一三号　前掲書　五八頁
(33) 高達奈緒美「奪衣婆小考」『青森県における仏教唱導空間の基礎的研究～図像・音声・身体～』

弘前大学・山田厳子編刊　二〇〇六年　五八～五九頁
(34)　宮原彩「小町の玉章地蔵」『久里』五号　神戸女子大学民俗学研究会　一九九八年　二六～五三頁。田中久夫「小野篁と地蔵信仰と閻魔王宮」『宗教民俗学の展開と課題』法蔵館　二〇〇二年　二九一～二九四頁

Ⅳ　おんば（御姥）様と奪衣婆についての予備調査

(1)　山口弥一郎「おんばさまと姥神・修験道と如意輪信仰の民間信仰の問題」『日本民俗学』一二六号　日本民俗学会　一九七九年　一八～二七頁
(2)　高達奈緒美「奪衣婆小考」『青森県における仏教唱導空間の基礎的研究』弘前大学山田厳子研究室　二〇〇六年　五八～五九頁
(3)　佐治靖「福島の鬼」『東北の鬼』岩手出版　一九八九年　二七八～二八六頁
(4)　橋本武『猪苗代湖北民俗誌』猪苗代湖南民俗研究所　一九七三年　二〇四～二〇八頁
(5)　榎陽介「関脇のオンバサマ」『福島県の祭り・行事』福島県教育委員会　二〇〇五年　六五～六六頁
(6)　田中英雄「姥神の座所～会津山麓の伝承から～」『日本の石仏』九九号　日本石仏協会　一九七七年　四～一二頁
(7)　鎌田久子「ウバの力」『日本民俗学』九八号　日本民俗学会　一九七五年　一～一〇頁

（8）石田明夫『おんば様～安産・極楽浄土・橋守、知られざる信仰～』歴史春秋社　一九九九年　一～六九頁
（9）猪苗代町編さん委員会『猪苗代町史　民俗編』猪苗代町　一九七九年　四八八頁
（10）石田明夫『おんば様』前掲書　五〇頁
（11）佐治靖「福島の鬼」前掲論文　二八〇～二八四頁
（12）田中英雄「姥神の座所」前掲論文　八～九頁

V　曹洞宗寺院と優婆尊信仰

（1）新潟県編刊『新潟県史　通史編2・中世』一九八二年　四九九～五〇八頁
（2）圭室締成『葬式仏教』大法輪閣　一九六三年　一三〇頁
（3）清水邦彦「中世曹洞宗の地蔵信仰」『日本宗教文化研究』一二巻二号　日本宗教文化研究会　二〇〇八年　五三～五四頁
（4）清水邦彦「中世曹洞宗の地蔵信仰」前掲論文　五四～五五頁
（5）広瀬良広『禅宗地方展開史の研究』吉川弘文館　一九八七年　四一八～四二一頁
（6）清水邦彦「中世曹洞宗の地蔵信仰」前掲論文　五四～五五頁
（7）毒蛇調伏に関する説話が伝えられている。
（8）市島春城『越後野忘』歴史図書館　一九七四年復刻　三四六～三四九頁

（9）『日本地名大系15巻　新潟県の地名』平凡社　一九八六年　九三五頁
（10）中野豈任『忘れられた霊場〜中世心性の試み〜』平凡社　一九八八年　一〇一〜一〇二頁
（11）二瓶武爾「五頭山華報寺出湯温泉沿岸革誌（一）」『高志路』三―三　一九三七年　二一頁
（12）『総合佛教大辞典』法蔵館　一九八八年　一二〇一頁
（13）松崎憲三「おんば（御姥）様と奪衣婆についての予備的考察〜」『神・人・自然〜民俗的世界の相貌〜』慶友社　二〇一〇年　五九〜七二頁
（14）川上貞雄『出湯の歴史』私家刷　二〇一〇年　一一八頁
（15）藤島玄『越後の山旅』富士波出版　一九七六年　二六一頁
（16）新潟県教育委員会編刊『水原郷』一九七〇年　二一九頁
（17）但し、次郎丸・高徳寺が管理する優婆尊は、羽黒に所在する。
（18）川上貞雄『出湯の歴史』前掲書　一一八頁
（19）水原町史編さん委員会編『水原町編年史』第一冊　水原町役場　一九七八年　一二五頁
（20）高達奈緒美によれば、熊野観音十界図・十王図・地獄絵等に画かれている救済者は、地蔵・如意輪観音・帝釈天などが見られるという（高達「血の池地獄の絵相をめぐる覚書」『地獄の世界』北辰堂　一九九〇年　六六九〜六七一頁
（21）成瀬弘和『女性と穢れの歴史』塙書房　二〇〇三年　一七八〜一八二頁
（22）新潟県教育委員会編刊『水原郷』前掲書　二二〇頁

(23) 立教大学学芸員課程編刊『新潟県水原町堀越の民俗調査報告書』一九六八年　二〇頁
(24) 水原町史編さん委員会『水原町編年史』第一巻前掲書　一六四頁
(25) 新堀田市史編纂委員会『新堀田市史　下巻』新堀田市刊　一九八一年　九〇二頁
(26) 安田町編刊『安田町史　近世編四』二〇〇四年　二七六～二七七頁
(27) 新津市史編さん委員会『新津市史資料編6　民俗・文化財』新津市　一九九一年　七三～七七頁
(28) 笹神村編刊『笹神村史資料編四・民俗』二〇〇二年　四二三頁
(29) 松崎万作「女堂風土記」『五頭郷土文化』一二号　同研究会　一九八四年　一〇二頁
(30) 新潟市史編さん民俗部会『新潟市史資料編10・民俗1』新潟市　一九九一年　五一六～五一八頁
(31) 黒崎町史編さん委員会『黒崎市市資料編6・民俗』黒崎町　一九九七年　四一二頁
(32) 『理趣経』あるいは『大般若心経』の中の「理趣分」の本意は、理趣経曼荼羅を本尊とし、この経を所持する者は、悪魔外道に邪魔されることなく、四天王によって守護されるという。さらには、厄や災難に会うことなく、一切の仏・菩薩に守られて往生を遂げるという（松崎憲三『ポックリ信仰』慶友社　二〇〇七年　一七～一八頁）
(33) 松崎憲三『巡りのフォークロア』名著出版　一九八五年　一六六～一七八頁

Ⅵ　新潟市内のウバサマ信仰と講

（1）　新潟県教育委員会編刊『新潟県文化財調査報告第十・水原郷』一九七〇年　二一九～二二〇頁

（2）　新潟市史編さん民俗部会『新潟市史資料編十・民俗Ⅰ』新潟市　一九九一年　五一六～五一八頁

（3）　川上貞雄『出湯の歴史』未発表　一二一～一二二頁

なお、再興碑の銘に関する資料も、出湯在住の研究者、川上氏よりで提供いただいたことを付記しておく。

Ⅶ　巣鴨とげぬき地蔵にみる世相

（1）　松崎憲三「現代社会と民俗信仰」『日本の民俗信仰』八千代出版　二〇〇九年　一九〇～一九一頁

（2）　川添登編『おばあちゃんの原宿～巣鴨とげぬき地蔵の考現学～』平凡社　一九八九年　一～一八九頁

（3）　川添登「巣鴨とげぬき地蔵（万頂山高岩寺）の変容と発展～『おばあちゃんの原宿』は、どのようにしてつくられたか～」『国立歴史民俗博物館研究報告書』第三三集　同館刊　一九九三年　四三～七二頁

（4）　日本歴史地理学会校訂『日本地誌大系第一冊・御府内備考』大日本地誌大系刊行会　一九一四

年　四四三頁
(5) 小池章太郎編『江戸砂子温故名跡誌』東京堂出版　一九七六年　九五頁
(6) 小池章太郎編『江戸砂子温故名跡誌』前掲書　四六七頁
(7) 斎藤月岑（金子光晴校訂）『武江年表2』平凡社東洋文庫　一九六八年　一五五頁
(8) 斎藤月岑（金子光晴校訂）『武江年表2』平凡社東洋文庫　一九六八年　一五四頁
(9) 川添登「巣鴨とげぬき地蔵（万頂山高岩寺）の変容と発展」前掲論文　四九頁
(10) 来馬規雄編『とげぬき地蔵尊　高岩寺誌』同寺刊　二〇〇二年　三四頁
(11) 川添登編『おばあちゃんの原宿』前掲書　二三頁
(12) とげぬき生活館相談所編刊『とげぬき生活館活動報告』二〇〇九年　三～一〇頁
(13) とげぬき生活館編刊『とげぬき相談四十周年記念誌』二〇〇一年　八三～八四頁
(14) とげぬき生活館編刊『とげぬき相談四十周年記念誌』前掲書　八〇頁
(15) とげぬき生活館編刊『とげぬき相談四十周年記念誌』前掲書　八四～八五頁
(16) 六十五歳以上の人口が総人口に占める割合が七パーセントを超えた時を高齢化社会と言い、一四パーセントを超えると高齢社会と称する。日本ではそれぞれ昭和四十五年（一九七〇）、平成六年（一九九四）がそれに相当する。

（1）真鍋広済『地蔵菩薩の研究』三密堂書店　一九六〇年　四九頁
（2）真鍋広済「千躰地蔵と勝軍地蔵」『仏教と民俗』二号　仏教民俗学会　一九五八年　一〇一頁
（3）『国史大辞典』八巻　吉川弘文館　一九八七年　四五七頁
（4）真鍋広済「千躰地蔵と勝軍地蔵」前掲論文　七〜八頁
（5）五来重「元興寺極楽坊発見の印仏と千体地蔵」『元興寺極楽坊・中世庶民信仰資料の研究』法蔵館　一九七五年　一五三頁
（6）五来重「元興寺極楽坊発見の印仏と千体地蔵」前掲論文　一六〇頁
（7）五来重「元興寺極楽坊発見の印仏と千体地蔵」前掲論文　一六〇〜一六二頁
（8）五来重「元興寺極楽坊発見の印仏と千体地蔵」前掲論文　一六五〜一六七頁
（9）真鍋広済「千躰地蔵と勝軍地蔵」前掲論文　八頁
（10）真鍋広済『地蔵菩薩の研究』前景書　一六五〜一六七頁
（11）田中正明「『一万体印造地蔵威応記』のことども」『民間の地蔵信仰』渓水社　一九九二年　一〇九頁
（12）田中正明「『一万体印造地蔵威応記』のことども」『民間の地蔵信仰』渓水社　一九九二年　一〇九〜一二〇頁
（13）圭室文雄「『延命地蔵印行利益記』について」『明治大学教養論集』二四三号　一九九二年

一四一～一六三頁
(14) 田中正明「『一万体印造地蔵威応記』のことども」『民間の地蔵信仰』渓水社　一九九二年
一一九頁
(15) 真鍋広済「千躰地蔵と勝軍地蔵」前掲論文　一〇頁
(16) 秋里瞬福「東海道名所図会」『日本名所風俗図会一七巻・諸国の巻Ⅱ』角川書店　一九八一年
一八四頁
(17) 静岡県教育委員会文化課県史編さん室『町屋原・今宿の民俗～庵原町由比～』静岡県
一九九二年　一六三～一六四頁
(18) 石川純一郎『地蔵の世界』時事通信社　一九九五年　一六三～一六四頁
(19) 尾崎邦二郎「地蔵風土記」『ふるさと百話』静岡新聞社　一九七二年　一二七～一二八頁
(20) 坂田友宏「捨て墓と詣り墓～大山山麓の両墓制～」『ふるさとの伝承・解説編』示人社
一九九七年　一四九頁

著者紹介

松崎憲三（まつざき　けんぞう）
一九四七年　長野県生まれ
東京教育大学理学部地学科地理学専攻卒業
日本民俗学専攻（民俗信仰論、現代民俗論）
現在、成城大学文芸学部教授　博士（民俗学）

〔主要論著〕
『巡りのフォークロア』名著出版　一九八五年
『東アジアの死霊結婚』（編著）岩田書院　一九九三年
『人生の装飾法』（編著）ちくま新書　一九九九年
『現代供養論考』慶友社　二〇〇四年
『民俗学講義』（共編著）八千代出版　二〇〇六年
『諏訪系神社の御柱祭』（編著）岩田書院　二〇〇七年
『ポックリ信仰』慶友社　二〇〇七年
『小京都と小江戸』（編著）岩田書院　二〇一〇年

民衆宗教を探る
地蔵と閻魔・奪衣婆
——現世・来世を見守る仏——

二〇一二年九月十六日　第一刷発行

著　者　松崎憲三
発　行　慶友社
〒一〇一－〇〇五一
東京都千代田区神田神保町二－四八
電　話〇三－三二六一－一三六一
FAX〇三－三二六一－一三六九

印刷・製本＝亜細亜印刷

ISBN 978- 4-87449-256-7 C1039

慶友社刊

民衆宗教を探る

路傍の庚申塔　生活のなかの信仰　芦田正次郎　2800円

お地蔵さんの世界　救いの説話・歴史・民俗　渡浩一　2600円

阿弥陀信仰　蒲池勢至　2500円

稲荷信仰の世界　稲荷祭と神仏習合　大森恵子　5700円

お大師さんと高野山〔奥の院〕　日野西眞定　2800円

ポックリ信仰　―長寿と安楽往生祈願―　松崎憲三　2400円

現代供養論考　―ヒト・モノ・動植物の慰霊　松崎憲三　9500円

価格は本体